MARTINE PI

T0153728

L'ABBAYE
DE PRÉMONTRÉ

du service de Dieu
au soin des hommes

Éditions AGIR-Pic

Remerciements

Nous tenons à remercier vivement :
les institutions et abbayes qui ont mis leurs archives et leur documentation à notre disposition ou qui nous ont aidé à des titres divers : les abbayes prémontrées de Frigolet, Leffe, Mondaye, Nova Rise, Strahov et Wilten, les Archives nationales, les Archives départementales de l'Aisne, les Archives diocésaines de Soissons, les Archives de Saint-Gobain, les Archives des Sœurs de la Sagesse, la Bibliothèque nationale de France, la Bibliothèque municipale de Laon, le Centre d'études et de recherches prémontrées, le Conseil général de l'Aisne, les éditions Gaud, l'Établissement public de santé mentale du département de l'Aisne (Prémontré), la Mairie de Prémontré, la Maison provinciale des Sœurs de la Charité de Sainte-Jeanne Antide Thouret, la Médiathèque du Patrimoine, le Musée de l'abbaye de Strahov, la Société des Antiquaires de Picardie, la Société historique et archéologique de Soissons.

Nous remercions tout particulièrement : Joël Barotteaux, Patrick Bres, Jean-Luc Cousinat, Yves Daudigny, RP Dominique-Marie Dauzet, sœur Emmanuel Desjardin, Karel Dolista, Sophie Join-Lambert, Catherine Lamballais-Vertel, Marie-Odile Langlois, sœur Anne-Marie Leport, sœur Marie-Hélène Magnien, RP Jean-Baptiste Marque, Maurice Perdereau, Christiane Riboulleau, Cécile Souchon, Libor Sturc, Claude Venant.

Cartes :
Gaud : 149 ; Franck Grossiord : 32, 39, 68, 101, rabat de la 4° de couverture.

Dessins et plans :
Édouard Fleury : 20c, 24a-d ; Stéphane Gonet : 2e de couverture ; Rémy Langlet & Patrice Conjat : 3e de couverture ; Martine Plouvier : 23b, 24e, 25b-c, 49, 52, 56, 89 ; Bernard Sonnet : 53 ; Michelle Steger : 154.

Maquette et infographie : Marie et Patrice Conjat

Photogravure : Bic Graphic

ISBN : 978-2-906340-68-8

© Association pour la Généralisation de l'Inventaire Régional en Picardie (AGIR-Pic), 2007
21, Cité Leclaire F – 75020 Paris

© Centre d'Études et de Recherches Prémontrées (CERP), 2007
EPSMD de l'Aisne, Abbaye de Prémontré F – 02320 Prémontré

Diffusion et distribution par les éditions Peeters à Louvain (Belgique)
En France : Peeters, 52, bd Saint-Michel F – 75006 Paris
Tél : 01 40 51 89 20 / Fax : 01 40 51 81 05
En Belgique : Peeters, Bondgenotenlaan 153 B – 3000 Leuven
Tél : 0032 16 23 51 70 / Fax : 0032 16 22 85 00.

Couverture : Cour d'honneur de l'abbaye depuis la route allant à Saint-Gobain.
Vestiges de l'église fondée par saint Norbert. Vitrail représentant saint Norbert, dans la chapelle actuelle. Coupole de la cuisine de l'hôpital.

Sommaire

L'abbaye de Prémontré chef d'ordre 5

Histoire du site et des premiers bâtiments 13

La reconstruction au XVIIIᵉ siècle 41

La verrerie 79

La tentative de restauration de l'ordre de Prémontré.
L'orphelinat 91

L'asile d'aliénés 97

Humanisation et modernisation de l'hôpital psychiatrique ... 138

Pour une visite de Prémontré 153

Sources et bibliographie 160

Chronologie 162

Index des noms de personnes et de lieux 164

L'abbaye de Prémontré
chef d'ordre

Présentation

Dans la floraison religieuse et spirituelle du XIIᵉ siècle, l'ordre de Prémontré occupe une place privilégiée parmi les ordres nouveaux. À côté des Chartreux qui ont choisi la voie du désert tracée par saint Bruno, à côté des Cisterciens qui vivent en cénobites, selon la règle de saint Benoît et sur les pas de Robert de Molesmes, un idéal monastique et contemplatif vivifié par saint Bernard, les Prémontrés suivent la voie proposée par leur fondateur Norbert et adoptent une solution médiane, celle de l'institution canoniale : ils sont à la fois chanoines vivant une vie communautaire selon la règle de saint Augustin, et pasteurs desservant de nombreuses paroisses, conjuguant parfois une activité de missionnaires (jusque dans le monde slave, par exemple).

Abbaye de Parc à Louvain (Belgique), saint Norbert montrant l'ostensoir, symbole de l'Eucharistie, XVIIIᵉ siècle.

Si l'Ordre connut une expansion importante au Moyen Âge, de l'Angleterre à la Hongrie et du Portugal à Chypre, il comptait toutefois trois à quatre fois moins de fondations que l'ordre de Cîteaux : plus de 600 dénombrées en Europe par le grand historien prémontré allemand, le père Norbert Backmund (1907-1987). Du XIIᵉ au XVIIIᵉ siècle, moins d'une centaine en France.

L'Ordre se répandit mieux là où les Bénédictins et les Cisterciens n'étaient pas présents, c'est-à-dire essentiellement dans l'Europe du Nord-Est. La région la plus florissante fut la Lorraine, située moitié en terre d'Empire, moitié en France.

Les anciens évêchés de Soissons et de Laon, dans la sphère d'influence de l'abbaye de Prémontré, et dans lesquels la Révolution

Page précédente : avant-corps du bâtiment central. Cour d'honneur.

Religieux prémontré en tenue d'hiver, d'après Hélyot, XVIIIe siècle.

a taillé le département de l'Aisne, comptaient à eux seuls quatorze abbayes masculines, auxquelles il faut adjoindre vingt-sept communautés féminines.

L'abbaye de Prémontré, chef d'ordre, nichée au creux de la forêt de Coucy, rayonna sur toute l'Europe pendant sept siècles. Pour répondre à cette diffusion, l'Ordre se structura verticalement, à l'image de celui de Cîteaux, autour d'un chapitre général annuel et des relations abbaye-mère à fille ; il se divisa géographiquement, bien avant les ordres mendiants, en provinces ecclésiastiques – les circaries – qui s'élevèrent jusqu'à vingt-neuf, au moment de sa plus grande expansion, coïncidant avec les régions ou les nations naissantes, et suivit donc le sort historique propre à chacune d'entre elles.

Avec les guerres et les réformes, le seul pays qui remit en cause sérieusement la prédominance de Prémontré fut l'Espagne, qui s'érigea en congrégation indépendante. La réforme entreprise par Servais de Lairuelz, abbé de Pont-à-Mousson de 1600 à 1631, donna naissance à la congrégation de l'Antique Rigueur (1621), à laquelle s'agrégèrent quarante abbayes, mais qui ne se coupa jamais de Prémontré. L'observance commune (non réformée) adopta de nouveaux statuts en 1630. Mais le chapitre général se réduisit comme « peau de chagrin » et n'eut bientôt plus de général

Logis abbatial. Élévation occidentale.

Cour d'honneur. Logis abbatial à gauche, bâtiment central à droite.

que le nom: au XVIIIe siècle, il ne se réunit que deux fois à Prémontré (en 1717 et 1738); chaque circarie tint peu à peu son chapitre national, au détriment des relations supranationales.

Sous l'Ancien Régime, l'Ordre était en puissance le quatrième ordre religieux en France, derrière les Bénédictins, les Cisterciens et les chanoines réguliers de saint Augustin. Il comptait mille deux cents Prémontrés.

Après la Révolution française, l'Ordre ne reprit son essor en France qu'en 1858, dans le sud-est à Frigolet (Bouches-du-Rhône), alors qu'il avait recommencé en Belgique dès 1830. Le dernier abbé général de Prémontré, Jean-Baptiste L'Écuy, était mort en 1834, à l'âge de 90 ans. Le dernier religieux prémontré français de l'Ancien Régime, profès de Falaise, disparaissait en 1852. La pérennité était rompue.

En haut : Claude Honoré Lucas de Muin, en 1720, portrait en pied, conservé à Nova Rise (République tchèque).

Ci-dessus : Thomas Handgrätinger, abbé général, 2006.

Sans abbé général, l'ordre de Prémontré, certes restauré, voyait son unité menacée par la très grande diversité des observances entre l'Europe centrale et la Belgique. La continuité des abbés généraux ne fut rétablie qu'en 1869, avec l'élection de l'abbé de Strahov (Prague). Le siège de l'abbé général fut transféré à Rome en 1937.

L'abbaye, ancien chef d'ordre, n'a donc jamais retrouvé son rayonnement mondial, comme Cîteaux ou la Grande Chartreuse. Il ne reste de sa gloire d'antan que le titre symbolique de *Dominus Praemonstratensis* attribué à chaque abbé général, aujourd'hui porté par Thomas Handgrätinger, abbé de l'abbaye de Windberg (Allemagne), élu en 2003.

L'abbaye, qui a subi force mutilations et destructions pendant deux siècles, ne cesse encore de surprendre par sa monumentalité le visiteur ou le pèlerin qui s'aventure jusqu'à ses portes. Pour subsister jusqu'à nos jours, elle a subi plusieurs métamorphoses : verrerie de 1795 jusqu'en 1843, orphelinat de 1852 à 1861 après une tentative avortée de restauration en 1856, enfin asile d'aliénés depuis 1867, aujourd'hui appelé établissement public de santé mentale.

C'est cette sédimentation des siècles et ces affectations successives qu'on se propose de présenter dans cet ouvrage. Étant donné la dimension historique nationale et internationale du site, on essaiera de placer l'abbaye sur deux registres, le local mais aussi le mondial.

Tous les jours, Prémontré est visité par des Prémontrés venus du monde entier, américains, australiens, indiens, néerlandais, belges ou tchèques qui viennent ou reviennent sur les pas de leur fondateur, pour faire œuvre de mémoire et se projeter dans le monde contemporain. Approche difficile parfois, car se côtoient sur le site les ombres des pères habillés de blanc, celles des souffleurs de verres, celles encore des orphelins d'un autre temps et les patients, bien tangibles, venus pour trouver des solutions à leur maladie. Tous s'accordent sur un point : l'étrange beauté qui naît de l'isolement du lieu, en pleine forêt de Coucy.

La charte de fondation

Moi, Barthélemy, par la grâce de Dieu, évêque de Laon. L'église de Saint-Vincent, à la suite d'un don de notre prédécesseur l'évêque Élinand, possédait une terre dans un endroit qu'on appelle Prémontré, qui relevait de la propre mense épiscopale, et, comme c'était inclus dans le privilège de cette église, les moines ont longtemps cultivé ce lieu ; mais tout en se donnant beaucoup de peine, ils n'obtenaient pas de récolte, ou si peu ! M'en étant rendu compte, j'ai demandé à l'abbé Adalbéron et à ses moines de me céder librement le lieu susdit, dans la mesure où je pourrais en disposer à ma volonté. L'abbé et les moines, accédant à ma demande, m'ont accordé librement et sans objection tout ce qu'ils possédaient en cet endroit. Pour les remercier de leur bonne volonté, j'ai accepté que l'église de Saint-Vincent possède à perpétuité l'autel de Berry, sauf le droit de synode. Je leur ai aussi donné un demi muid de blé sur le moulin situé près du village qu'on appelle Brancourt.

Voyant que le lieu susdit, qu'on appelle Prémontré, était très utile pour les religieux, je l'ai concédé au frère Norbert, à ses subordonnés et à ses successeurs, pour qu'ils le possèdent librement, à perpétuité, et sans objection. Mais le frère Norbert, comme quelqu'un qui ne convoite pas du tout le bien d'autrui, n'a pas voulu l'accepter avant que l'abbé de Saint-Vincent, Soifrid, et ses moines, n'aient confirmé ce don en chapitre, d'un commun accord. Et pour qu'on ne puisse pas par la suite apporter quelque modification que ce soit à cette concession, nous avons veillé à la confirmer par l'apposition de notre effigie et du sceau de l'église Notre-Dame de Laon, ainsi que de celui de Soifrid, abbé de Saint-Vincent.

Ont signé Barthélemy, évêque de Laon ; Soifrid, abbé de Saint-Vincent ; Simon, de Saint-Nicolas-aux-Bois ; Gui, doyen et archidiacre ; Raoul, archidiacre ; Blihard, chantre ; Robert, doyen de Saint-Jean ; Geoffroy, chantre ; Robert, prévôt de Saint-Martin ; Elbert, vidame ; Clarembaud du Marché ; Nicolas, châtelain.

Acte passé à Laon, au chapitre de l'église Notre-Dame de Laon, l'an de l'Incarnation du Seigneur 1121, indiction 14, épacte nulle, concurrent 5. Moi, Raoul, chancelier de l'église de Laon, j'ai souscrit.

TRADUCTION MAURICE PERDEREAU

En haut : sceau de Barthélemy.

Ci-contre : charte de fondation de Barthélemy, conservée à la Société historique et archéologique de Soissons (SHAS), 1121.

Norbert, fondateur de l'ordre de Prémontré

Ses voyages s'arrêtent, en 1120, dans la forêt de Coucy, à Prémontré, après avoir refusé deux sites, Thenailles et Foigny, proposés par Barthélemy de Joux, évêque de Laon, qui voulait le retenir dans son diocèse. Il y fonde une abbaye, où il encourage la vie commune régulière, pauvre et contemplative.

Elle deviendra un chef d'ordre aussi célèbre que Cîteaux, fondée une génération auparavant, en 1098.

Élu en 1126 archevêque de Magdebourg, aux confins de l'Empire germanique, il devient le confident de l'empereur Lothaire et prend part aux affaires de son temps. Un siècle après sa mort, en 1134, l'ordre de Prémontré compte déjà près de six cents maisons en Occident.

N orbert « prince du Nord » est né en 1080, à Xanten, dans la vallée du Rhin. Originaire de la noblesse, Français par sa mère, Hedwige, cousin de l'empereur germanique Henri IV par son père, Héribert, c'est un grand prince dont la carrière s'annonce glorieuse jusqu'au jour où le brillant chanoine de la cour impériale, traverse un jour d'orage la forêt de Freden ; à la manière de saint Paul, il est soudain foudroyé et jeté à bas de son cheval. Sa vie se trouve bouleversée. Dans le climat d'effervescence d'une Église en pleine réforme – c'est l'époque de saint Bruno et de saint Bernard, des croisades et des Templiers – Norbert se fait prédicateur itinérant, porteur de l'Évangile.

Norbert n'est canonisé qu'en 1582. En 1621, sa fête est étendue à l'Église universelle, à la date du 6 juin. Mais son tombeau, dans l'église Notre-Dame de Magdebourg, implanté devant l'autel Sainte-Croix, puis dans un caveau sous l'autel majeur, échappe aux Prémontrés, qui doivent abandonner leur monastère au profit des luthériens. En 1627, au moment où la guerre de Trente Ans enflamme l'Europe en pleine Contre-Réforme, l'ordre de Prémontré décide de tirer son père fondateur des mains des réformés. Les reliques du saint sont transportées de Magdebourg à Doksany, où les religieuses les enveloppent de fils d'or et d'argent. La translation officielle du saint a lieu le 2 mai 1627 dans le couvent prémontré de Prague, à Strahov. Norbert devient l'un des trois patrons de la Bohême, partageant cet honneur avec saint Wenceslas et saint Sigismond.

En haut : chapelle de Prémontré, vitrail dédié à saint Norbert, 1925.

Ci-contre : abbaye de Berne (Pays-Bas), saint Norbert terrassant l'hérésie, XVIIIe siècle.

Jusqu'à sa canonisation, Norbert est représenté un psautier en main, mais à partir du XVIIᵉ siècle, il paraît en habit de prémontré, d'abbé ou d'archevêque, avec le scapulaire et le lis au naturel, ou la croix pectorale et la crosse, ou le pallium et la croix à double traverse, coiffé de la barrette blanche ou de la mitre, présentant un ostensoir-soleil, en ardent défenseur de l'Eucharistie, et écrasant l'hérésie, personnifiée par Tanchelin, hérétique anversois qui niait la présence réelle, ou encore par le diable à ses pieds.

Parfois, la Vierge lui apparaît et lui remet l'habit blanc. Sur certaines images anciennes, un calice dans lequel tombe une araignée, est placé près de lui. Prédicateur infatigable, il n'a laissé aucun sermon, aucun écrit, comme saint Dominique un siècle plus tard.

Pour connaître son histoire, deux sources essentielles nous éclairent, deux Vies (*vitae*), écrites peu après la disparition du saint, vers 1150 : la première, la vita B, version française et apologétique, et la seconde, la vita A, redécouverte en 1856, plus courte, plus tournée vers la vie germanique du saint. Ces sources sont tempérées par le récit du moine Hermann de Tournai, qui a bien connu Norbert, et par des témoignages contemporains dont le plus éminent reste celui de saint Bernard, jugeant Norbert comme « le plus proche de Dieu… ».

En haut : abbaye de Parc (Belgique), la Conversion de saint Norbert chutant de son cheval, XVIIᵉ siècle.

Ci-contre : abbaye de Strahov (République tchèque), cercueil de saint Norbert et châsse sortie tous les 50 ans, 1995.

Histoire du site
et des premiers bâtiments

Le site

L'évêque de Laon, Barthélemy de Joux (1113-1150) pour retenir dans son diocèse Norbert, qui avait déjà refusé le site de Foigny, en Thiérache, et Saint-Martin de Laon, lui offre, en 1120, le désert de Prémontré. Cette solitude était toute relative puisque préexistait déjà depuis plus de soixante ans une petite chapelle, dépendant de l'abbaye bénédictine de Saint-Vincent de Laon, dédiée à saint Jean-Baptiste.

Page précédente : vue aérienne à la verticale prise en 2006.

Ci-dessous : carte de la forêt haute de Coucy en 1666 (AN, NIII Aisne, 87).

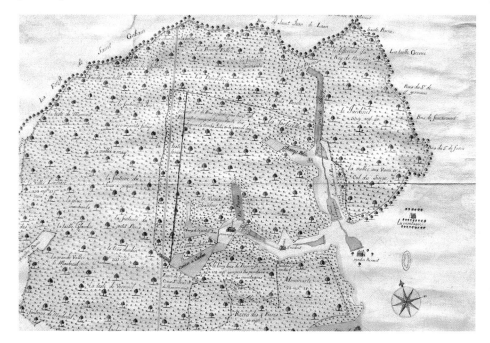

La construction de la première église. Cycle de Weissenau, XVIᵉ siècle.

Trois étymologies ont été proposées pour Prémontré : *praemonstratum*, montré à l'avance, désigné ; *prae montibus tribus*, devant ou entre les trois monts ; et celle qui paraît la plus vraisemblable : *pratum monstratum*, pré découvert, essarté, clairière, qui a donné son nom à l'ordre.

L'abbaye est donc installée à la confluence de trois vallons, qui convergent du nord vers le sud pour former une patte d'oie, qui lui valut son nom de vallée crucifiée. Courtes, encaissées, ouvertes sur l'aval, ces petites vallées délimitent des reculées isolées ou solitudes.

Le site de Prémontré fut certainement choisi en raison de sa proximité d'un nœud routier gallo-romain, au croisement de deux grands axes européens : Angleterre/Italie par Calais et Bâle, et Cologne/Paris. Bien que proche des frontières de l'Empire, il fut surtout établi en terre du royaume de France, donc en dehors de la querelle des Investitures. En outre, la présence d'une école épiscopale à Laon et la libéralité des seigneurs de Coucy qui firent office de donateurs et de protecteurs jusqu'à la fin du XIVᵉ siècle, et choisirent Prémontré comme nécropole, ne furent pas étrangères à cette installation.

L'abbaye regroupait à l'intérieur de son enceinte quatre ensemble de bâtiments : les bâtiments conventuels (église, lieux réguliers organisés autour des cloîtres), les bâtiments domestiques (ferme, colombier, caves, cellier, ateliers, glacière), les bâtiments annexes (infirmerie, pharmacie, logis abbatial), et enfin ceux pour l'accueil des délégués au chapitre général (quartiers pour les différentes provinces, salles de réunions). Une autre particularité différenciait les abbayes prémontrées des autres abbayes : la notion de monastère double.

Échauguette à l'angle
sud-est, vue extérieure.

L'enceinte

L'abbaye est inscrite dans un enclos de 17 ha, délimité par un mur d'enceinte, qui épouse la configuration du terrain. Ce mur formé d'assises calcaires régulières, long de 1 350 m, résultat de nombreuses restaurations ou reconstructions, épaulé de puissants contreforts, remonte pour l'essentiel à la première moitié du XIIe siècle. Deux échauguettes, à l'est, témoignent encore qu'il fut fortifié au XIVe siècle. Il fut rebâti au sud, en même temps que le logis abbatial faisait peau neuve au XVe siècle, avant de faire place au XVIIIe siècle à une somptueuse grille d'entrée, aujourd'hui disparue.

Échauguette à l'angle
nord-est, vue intérieure.

Porte Saint-Jean, vue
intérieure.

Aux vallons qui marquent des espaces ouverts, et selon la vision
du premier abbé, Hugues de Fosses (1126-1161), qui avait entrevu
un grand nombre de pèlerins affluer des quatre parties du monde
adorer l'apparition de Jésus crucifié là où se trouve l'église de
Prémontré, quatre portes matérialisent cette apparition, coïncidant
aux quatre points cardinaux.

Au nord, la porte Saint-Jean ouvrant sur la route de Saint-Gobain,
reconstruite au milieu du XVIIIe siècle, a remplacé la porte médiévale,
bâtie au début du XIVe siècle, servant à la fois de passage et de chambres au-dessus du quartier des Anglais (ennemis politiques, invités
cependant à envoyer des délégués aux chapitres généraux). Genre
d'ouvrage d'entrée cantonné aux angles de quatre tourelles en sur-
plomb, elle se rapprochait de la porte de l'ancienne abbaye cistercienne de Longpont (Aisne). À l'est, une porte piétonne qui n'a pas

Porte orientale, vue extérieure.

laissé son nom, se retrouve enterrée et condamnée depuis des générations, bien avant semble-t-il la construction à la fin du XVIIIᵉ siècle de la route d'Anizy à Saint-Gobain.

Au sud, la porte Saint-Norbert, appelée encore porte du Midi ou de Soissons, est conservée à proximité de l'église Saint-Norbert. Elle fut abandonnée lors de la création de la grille d'entrée, au XVIIIᵉ siècle. Enfin, à l'ouest, la porte Rohart ouvrant sur la route de Coucy, remonte aussi au XIIᵉ siècle. Fondée sur pieux de bois, elle est percée d'un arc en plein cintre, épaulée à l'intérieur par deux contreforts à ressaut.

Portes Saint-Norbert et Rohart, vues extérieures.

Les églises

La précarité du premier site décrit par les chroniques comme très inondable dans la vallée de la Vionne, mais non localisé à ce jour, expliquerait que Norbert ait transféré l'abbaye dès 1121-1122. Cette deuxième implantation paraît coïncider avec les vestiges actuels de la chapelle dite de Saint-Norbert, à proximité de la fontaine du même nom plus au nord et au bout du grand jardin.

Cette construction, dont la première pierre est bénie en juillet 1121 par Barthélemy de Joux en présence de Thomas de Marle et d'une grande foule, est élevée très vite : deux équipes de maçons, les uns appelés de Cologne, les autres venus de la contrée, rivalisent de vitesse, si bien que neuf mois plus tard l'édifice est achevé. Pendant ce temps Norbert part pour Cologne chercher des reliques de saint Géréon. La dédicace a lieu le 28 avril 1121, mais l'autel, mal scellé, se détache de son socle. Une fois les fondations mieux ancrées dans les marais, il faut consacrer à nouveau, le 11 novembre 1122, l'église dédiée à Notre-Dame et à saint Jean-Baptiste.

Cette église aurait subi d'importantes restaurations sous l'abbatiat de Jean III de Châtillon (1329-1340) et aurait été placée

Intérieur de l'église Saint-Norbert.

Chevet de l'église Saint-Norbert.

en 1544 sous l'invocation de saint Norbert, pour devenir église paroissiale.

Du premier couvent, il reste une porte composée d'un arc en anse de panier, épaulée de part et d'autre par deux contreforts, peut-être la porte du Midi ou de Soissons, une des quatre portes de l'abbaye qui donnait sur la route d'Anizy à Saint-Gobain.

Cette église, première ou deuxième, devient vite trop petite, aussi Hugues de Fosses, le compagnon fidèle de Norbert, choisi comme premier abbé (1126-1161) une fois Norbert parti pour Magdebourg, prend soin, devant le nombre croissant des frères, de construire une église plus vaste «de l'autre côté de la montagne». La première pierre – posée entre 1134 et 1151 – est bénie une fois encore par l'évêque Barthélemy de Joux.

Dortoir, réfectoire et autres bâtiments entourés d'un mur d'enceinte sont édifiés du vivant de Hugues, qui est enterré à sa mort, en 1164, dans son église devant la chapelle Saint-André, avant d'être placé en 1279 dans le sanctuaire sous une dalle de marbre.

L'église est couverte de voûtes d'ogives entre 1209 et 1220. Sa construction paraît avoir été longue, ou réalisée en plusieurs campagnes, car sa dédicace n'intervient qu'en mai 1232. Elle est

Sceaux de Hugues II (1174-1189), de Pierre de Saint-Médard (1195-1201) et de l'abbaye à l'effigie de la Vierge à laquelle est dédiée l'église.

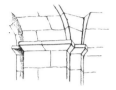

Dessins de chapiteau et dosseret, dessin de Von Quast.

Ruines de l'église Saint-Jean-Baptiste, 1848. Gravure sur bois de Henri Bréval d'après un dessin d'Édouard Fleury.

augmentée d'une chapelle en 1226, d'un clocher occidental doté de trois cloches vers 1240. En 1251, Enguerrand de Coucy et Marie de La Fère autorisent l'abbé et le couvent de Prémontré à essarter le bois sur vingt pieds de large « pour faire le mur de cette église en cette voie de la porte jusqu'à l'écluse de la vieille chapelle ». Une nouvelle consécration de l'église intervient en 1297.

L'église souffre de la guerre de Cent Ans et se trouve en mauvais état. La fin du XVe siècle et le début du XVIe siècle sont marqués d'une nouvelle campagne de restauration. Elle est couverte d'ardoises, dotée d'un nouveau clocher à la croisée du transept, pourvu de deux grosses cloches, grâce aux libéralités de Louis XI. Le chœur des religieux, orné de cent nouvelles stalles au décor sculpté représentant la vie de saint Jean-Baptiste, est désormais fermé par un jubé élevé vers 1512, orné de scènes de la vie de saint Norbert. Au-dessus, sur l'arc triomphal, est peinte la vision de la croix apparaissant à Hugues de Fosses, premier disciple de Norbert. Les voûtes du chœur et du sanctuaire sont reprises en sous-œuvre. Une grande verrière, représentant la Passion du Christ et le Jugement dernier, l'éclaire désormais à l'est. Le chœur est tendu d'une série de tapisseries dont l'iconographie est encore celle de saint Jean-Baptiste.

L'église reçoit, en 1668-1669, de magnifiques orgues construites par Jacques Carouge, et en 1672, un autel à baldaquin réalisé par le sculpteur soissonnais Nicolas Martin. Avant que l'on ne décide d'en bâtir une nouvelle, elle est encore mise au goût du jour entre 1732 et 1738 : murs blanchis, pavement refait et baies élargies au sud.

De cette deuxième ou troisième église, chaînon aujourd'hui manquant de l'architecture médiévale, il ne reste rien. Après avoir servi de halle pour le verre, ses derniers vestiges ont été rasés entre 1862 et 1865. Aucun plan complet n'a été retrouvé à ce jour. Et sans le relevé partiel de Von Quast en 1855 et la description qui en fut faite à la Révolution, on aurait bien du mal à s'en faire une idée précise.

Ruines de l'église Saint-Jean-Baptiste, dessin de Von Quast, 1855.

Il s'agissait d'une grande construction orientée, en croix latine, mesurant plus de 82 m de longueur et 24 m de largeur hors œuvre. Elle comportait une nef large d'environ 8,40 m, vraisemblablement de neuf travées espacées de 5,50 m, flanquée de bas-côtés, un vaste transept de 40 m de long, sur lequel s'ouvraient, à l'est de chacun des bras, quatre chapelles limitées à l'extérieur par un mur droit, et un chœur se terminant par un sanctuaire de deux travées barlongues, fermé d'un chevet plat. L'une des chapelles, celle dédiée à la Vierge, allongée au début du XIIIe siècle, qui était contiguë au sanctuaire, côté sud, était aussi profonde que ce dernier.

Vue cavalière de l'archimonastère de Prémontré. Gravure de Louis Barbaran sur un dessin de François Buyrette, 1656. Peinture copiant cette gravure se trouvant à l'abbaye de Wilten (Autriche).

Le plan de ce vaste édifice est à rapprocher d'une autre grande église contemporaine, celle de Cîteaux bâtie vers 1130-1150, ou encore de celle de l'abbaye cistercienne de Foigny (Aisne), bâtie vers 1150-1160. L'église de Saint-Martin de Laon, élevée vers 1160, est dans la filiation directe de l'abbaye mère, avec seulement trois chapelles sur chacun des bras du transept.

Ce plan, avec chevet plat et chapelles quadrangulaires, pour lequel on ne pourra jamais dire quel ordre eut le premier l'initiative – l'ordre cistercien ou l'ordre prémontré – fut un modèle pour plus de vingt-cinq églises prémontrées en France.

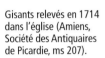

Gisants relevés en 1714 dans l'église (Amiens, Société des Antiquaires de Picardie, ms 207).

L'église, semble-t-il, contrairement aux églises cisterciennes, paraît avoir été utilisée comme église paroissiale jusqu'au XVIᵉ siècle. En tout cas, elle servit largement de nécropole aux abbés généraux de l'Ordre, aux religieux de l'abbaye et à la famille de Coucy. Pierres tombales et mausolées des abbés, dont quelques dessins nous sont parvenus, avaient envahi chœur et nef jusqu'au portail.

Les lieux réguliers

Ils ne peuvent être restitués qu'en faisant appel à trois types de sources : iconographiques, descriptives et surtout narratives, ces dernières d'autant plus précieuses que les documents figurés et les plans font défaut.

Ruines de la salle capitulaire. Dessin à la plume d'Amédée Piette, 1855 (AD Aisne, fonds Piette, dr 619).

Bâtis apparemment d'un seul jet, avant 1151, dortoir, réfectoire, lieux conventuels et mur d'enceinte sont étendus de 1220 à 1247 par l'abbé Conrad (1220-1233), qui développe une importante bibliothèque de manuscrits et un scriptorium. Il fait également élever un nouveau dortoir, avec une chapelle contiguë dédiée à saint Thomas. Hugues III d'Hirson (1238-1240), son successeur, après avoir fait construire une chambre pour l'abbé, ainsi qu'une chapelle vouée à saint Nicaise, commence l'élévation d'une infirmerie, prolongée d'une chapelle consacrée à sainte Madeleine. Conon

1. Église
2. Escalier du dortoir
3. Sacristie
4. Salle capitulaire
5. Passage
6. Cuisine
7. Réfectoire d'hiver
8. Chapelle Saint-Thomas
9. Salle des stations
10. Petit réfectoire
11. Salle royale
12. Apothicairerie
13. Cloître
14. Grand réfectoire

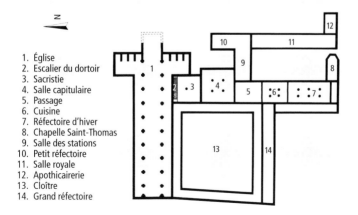

Essai de restitution du plan au sol d'après la gravure de Barbaran et les dimensions données par la description conservée aux AD des Yvelines.

(1242-1247) achève les édifices commencés, avant que l'abbé Guerric (1269-1278) ne se lance dans la reconstruction du cloître, de la cuisine et des réfectoires. Il fait bâtir également la grande salle du chapitre général, avec une chapelle attenante, édifices non situés (car déjà reconstruits au XVIe siècle, en dehors des lieux réguliers et ne figurant donc plus sur la gravure de Barbaran).

Les bâtiments conventuels s'ordonnaient au sud de l'église, autour de quatre cours. La plus grande était le cloître. Plus au sud, séparé du cloître par le réfectoire, se trouvait le petit cloître sur lequel ouvrait la porte du couvent. Deux autres cours, à l'est, disparaîtront lors de la grande reconstruction du XVIIIe siècle.

Le cloître comptait quatre galeries d'environ 42 m de long sur 4,5 m de large. Chaque galerie ouvrait sur le préau par des baies ornées de remplages gothiques. Les vies édifiantes de saint Norbert et de saint Augustin étaient peintes sur les murs. Le dallage était fait de petits carreaux vernissés.

Ci-dessus : carreaux émaillés ocre jaune et ocre rouge provenant de l'église et du cloître. Dessins d'Édouard Fleury publiés en 1855.

Ci-contre : carreau et son relevé provenant de la collection Bernard Ancien, 3685.

Mais l'œuvre qui marqua le plus les esprits fut un remarquable lavabo au bassin octogonal, élevé en 1287-1288 dans le préau du cloître, revêtu de lames d'étain et orné d'une sculpture en ronde bosse représentant la crucifixion de Jésus-Christ et la décollation de saint Jean-Baptiste. «Les eaux découlaient [...] par les plaies d'un crucifix élevé sur une base au milieu dudit bassin.»

L'aile orientale ne prolongeait pas le bras sud du transept, mais prenait appui sur le bas-côté sud. Elle mesurait 93 m de long et comprenait du nord au sud l'escalier du dortoir, la sacristie restaurée au XVIe siècle, à colonne centrale et à voûtes à clefs pendantes, la salle capitulaire de la fin du XIIIe siècle, qui a subsisté jusqu'en 1856,

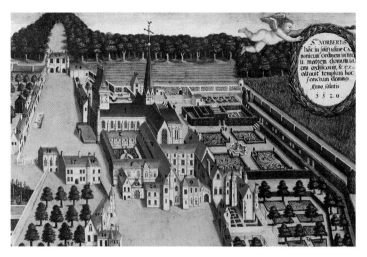

Tableau de l'abbaye de Wilten. Détail de l'église et de l'abbaye.

année où elle s'est écroulée ; pratiquement carrée, de trois travées sur trois, elle mesurait 16,50 m de large et 8 m sous voûtes. Sa porte s'ornait d'un tympan sculpté d'un Christ en majesté portant le monde et d'une Vierge encensée par deux anges. Venaient ensuite une salle à usage de parloir, une cuisine commune au réfectoire d'hiver et au grand réfectoire (12,30 m de long sur 11,70 m de large), le réfectoire d'hiver (23,40 m de long) dont le vaisseau sur croisées d'ogives était divisé par deux épines de colonnes (dont on voit encore les arrachements sur le mur clôturant la chapelle actuelle).

Au premier étage de cette aile s'étendait le dortoir des religieux « estimé l'un des plus grands qu'il y ait en France », desservi par un escalier qui le reliait directement à l'église. Il mesurait 83 m sur 11,70 m. À son extrémité se trouvait le trésor, fermé par une porte de fer. Le petit cloître était limité au sud par le quartier de Lorraine, à l'ouest par le bâtiment de la circarie romaine, au nord par le grand réfectoire qui donnait également sur le cloître. Long de 52,50 m, il passait pour l'un des plus grands réfectoires d'abbayes. Il était éclairé au sud par des baies à remplages et au nord par des roses ; une chaire de lecteur faisait saillie à l'extérieur. Ce réfectoire est à rapprocher de ceux qui subsistent à l'abbaye Saint-Jean-des-Vignes de Soissons ou encore à l'abbaye cistercienne de Royaumont. Pour fermer ces deux cloîtres, point d'aile ouest, habituellement occupée par le réfectoire et le dortoir des convers, ici bâtis plus à l'écart.

Carreaux émaillés provenant de l'église et du cloître. Dessins d'Édouard Fleury publiés en 1855.

Les deux cours, plus à l'est, étaient partagées par un bâtiment à deux étages, dont le rez-de-chaussée comprenait une salle des stations, le premier étage un dortoir pour les novices, et le second étage l'infirmerie. La troisième cour, entre le flanc sud de l'église et la salle des stations, était fermée à l'est par un bâtiment avec petit réfectoire au rez-de-chaussée, orné de tableaux de la vie de saint Norbert, et bibliothèque à l'étage, au plafond en marqueterie, qui brûla à la fin du XVIIe siècle.

La quatrième cour était délimitée à l'est par une grande salle dite royale, qui au XVIIe siècle servait de promenoir aux malades, au sud par la chapelle Saint-Thomas (1220-1233), au-dessus de laquelle les religieux avaient leur vestiaire proche du grand dortoir. Enfin, une apothicairerie en retour d'équerre sur la salle royale, avait dû être construite très tardivement dans le Moyen Âge.

Le logis abbatial

Le logis abbatial et la salle du chapitre général, reconstruits au XVIe siècle, se trouvaient hors de l'enceinte des bâtiments conventuels. Le logis abbatial, que l'on voit au premier plan sur la gravure de Barbaran, était très spacieux (65 m de long) et avait vue sur les jardins s'étendant au sud de l'abbaye. Le corps de logis principal était élevé d'un étage sur rez-de-chaussée. Une tourelle d'escalier en flanquait la façade septentrionale. Une chapelle le prolongeait vers l'est tandis que des remises l'accostaient à l'ouest.

Logis abbatial au premier plan et salle du chapitre général, à gauche à l'arrière-plan.

Les bâtiments de circarie et le chapitre général

De la deuxième salle du chapitre général – la première remontant au XIIIe siècle – on sait bien peu de chose : qu'elle était élevée sur deux niveaux desservis par une tourelle d'escalier hors œuvre et qu'elle avait ses élévations tournées l'une sur le verger de l'abbé, l'autre sur la cour d'entrée. Elle fut détruite sous le gouvernement de l'abbé Lucas de Muin (1702-1740).

Le chapitre général – réunion régulière entre abbés et prieurs – fut introduit par le premier abbé de Prémontré, Hugues de Fosses, après le départ de Norbert comme archevêque de Magdebourg. Les chapitres étaient annuels et se tinrent régulièrement à Prémontré jusqu'au XVe siècle : les guerres et la mise en commende de Prémontré les éloignèrent dans d'autres lieux : à Saint-Martin de Laon (1477, 1498, 1543, 1577) ou à Saint-Quentin (entre 1497 et 1512). Les représentants de chaque circarie ou province qui envoyait des délégués au chapitre général, réuni à la Saint-Denis, le 9 octobre, bénéficiaient d'hôtels en longue cohorte qui fermaient l'abbaye à l'ouest. On a ainsi gardé trace de la construction, en 1227, d'une maison et d'un oratoire affectés uniquement à l'abbé de Saint-Martin de Laon. Ces hôtels furent reconstruits au début du XVIe siècle pendant le gouvernement de Jacques de Bachimont (1512-1531).

Bâtiment de la circarie de Hongrie, restauré au XIXe siècle, élévation nord-ouest.

Les chapitres s'espacèrent peu à peu. À la fin du Moyen Âge, le chapitre général ne réunissait plus régulièrement qu'un nombre restreint d'abbés français, flamands et rhénans. Il gardait contact avec les autres abbayes de l'ordre par la médiation des circateurs et de l'abbé général ou de ses définiteurs. Au XVIIᵉ siècle, il n'y eut que douze chapitres généraux et au XVIIIᵉ siècle, deux seulement, en 1717 et en 1738. Le chapitre, de général, devint peu à peu national. Des chapitres provinciaux réunissaient également les abbés d'une même circarie.

Tous les bâtiments de circarie ont été détruits au XVIIIᵉ siècle, à l'exception des quartiers qui bordaient la cour pyramidale à l'ouest. Mutilés, ils ne s'étirent plus aujourd'hui que sur 134 m alors qu'au XVIIᵉ siècle, ils apparaissaient aux contemporains en longue théorie s'étendant sur 180 m jusqu'à l'ancienne porte Saint-Jean. On pouvait encore lire, au XIXᵉ siècle, sur leurs façades «Dalmatie, Istrie, Bohême, Carinthie, Illyrie» et autres… Le quartier de Bohême, encore bien identifiable, a gardé les rampants de ses pignons et la forte pente de la toiture qui permettent de le dater du XVIᵉ siècle. En revanche, le quartier de Hongrie, très remanié dans ses dimensions, ses percements et dans son voûtement, reste difficile à lire sur le plan archéologique et a été confondu au XIXᵉ siècle avec la chapelle de saint Norbert.

Longue succession des bâtiments de circarie, parmi lesquels se dégage celui de Bohême, à la forte pente de toiture, élévation est.

La division de l'Ordre en circaries

Abbaye de Saint-Martin de Laon vue depuis les tours de la cathédrale.

Prémontré, comme Cîteaux, couvre l'Europe de ses monastères, environ 600 maisons comprenant abbayes, collèges, chapitres cathédraux, prévôtés et monastères de religieuses. Il fallait relier toutes ces maisons entre elles, les visiter, créer un réseau.

Si, à beaucoup d'égards, la constitution de l'ordre de Prémontré fut calquée sur celle de Cîteaux, elle fit une exception quant à la filiation. Les Cisterciens, dont la propagation continentale fut ultra-rapide, constituèrent un système des filiations pour la visite de leurs monastères : les abbés-pères visitaient leurs fondations-filles. Mais ce réseau se révéla plus qu'inadapté à couvrir de grandes distances. Les Prémontrés se trouvèrent très vite confrontés au même problème. Ils inventèrent donc, vers 1177, la division territoriale en provinces, qui suivirent dans leurs grandes lignes les frontières des provinces ecclésiastiques. Mais celles-ci étaient trop étendues, trop inégales et le nombre des abbayes était trop irrégulier. Il fallut adapter le système. C'est le chapitre général de 1320 qui entérina la division en circaries, du nom du circator apparu vers 1150 (le circateur est celui

qui fait le tour, qui visite et inspecte des groupes de monastères pour faire le lien entre le chapitre et la visite des abbés-pères). Chaque circarie pouvait tenir son chapitre provincial, élire des délégués au chapitre général, reçus à Prémontré dans leurs quartiers, et avoir des échanges fraternels privilégiés.

Le royaume de France était divisé en huit circaries (France, Ponthieu, Normandie septentrionale et Normandie méridionale, Auvergne, Lorraine, Bourgogne, Gascogne). L'Ordre, très vivant dans le nord et l'est du royaume, resta fidèle à ses origines. Si la circarie de France (23 abbayes) et celle de Lorraine (20 abbayes) furent florissantes, celle d'Auvergne le fut moins (5 maisons).

Les limites changèrent au cours du temps, en fonction des essaimages et des réformes mais aussi des conflits et des séparatismes. Ainsi, la circarie de Gascogne, née en 1135 d'une fille de Saint-Martin de Laon (La Casedieu), compta 20 maisons et donna naissance à la circarie d'Espagne (environ 40 maisons). À la suite de la création de la Congrégation de l'Antique Rigueur au XVIIe siècle, les circaries de Lorraine, de France appelée aussi de Champagne et de Normandie connurent un découpage plus vaste, regroupant à elles seules 40 maisons. Les circaries d'Auvergne, de Bourgogne, du Ponthieu de la commune observance disparurent au profit de celle de France, qui prit le nom de Prémontré, d'une nouvelle circarie de Champagne, et de celle de Flandre (autonome en 1521, à l'exception

des maisons françaises). Aux XVIIe et XVIIIe siècles, deux réseaux se superposaient géographiquement.

Trois circaries couvraient la Belgique actuelle et une partie des Pays-Bas : Brabant, Flandre et Floreffe qui regroupaient 76 abbayes et prieurés. Celle de Floreffe comprenait la Belgique francophone et une partie du nord de la France actuelle.

L'Allemagne comptait sept circaries et plusieurs centaines de maisons, dont les deux plus florissantes furent celles de Souabe et de Bavière.

Les circaries de l'ordre de Prémontré sont aujourd'hui linguistiques, parfois territorialement circonscrites. Actuellement, l'Ordre compte six circaries : la circarie de langue anglaise (abbayes d'Angleterre, d'Australie, des États-Unis, d'Inde et d'Irlande), la circarie de Bohême (regroupant les maisons de République tchèque et de Slovaquie) la circarie néerlandophone dite aussi du Brabant (abbayes belges flamandes et des Pays-Bas), la circarie de langue française (Afrique, Belgique francophone, Canada et France), la circarie de langue allemande (Allemagne et Autriche) et la circarie hongroise (entité unissant autrefois les maisons de Hongrie et de Roumanie).

La division territoriale en provinces fut imitée par les ordres mendiants, nés au XIIIe siècle, et ce dès leur origine. Les ordres monastiques ne l'ont réalisée qu'après le concile de Trente, les autres chanoines réguliers ne l'ont jamais adoptée et les Bénédictins ont continué à former des congrégations autour d'une abbaye.

En haut : abbaye d'Arnsfeld (Allemagne).
Ci-dessous : abbaye de Tongerlo (Belgique).

Les fondations dans l'Aisne

Outre Prémontré, le territoire correspondant au département de l'Aisne comptait, à la veille de la Révolution, treize autres abbayes prémontrées, dont dix dépendaient de la commune observance et trois avaient adhéré à la réforme de l'Ordre, partie de Pont-à-Mousson en Lorraine avec Servais de Lairuelz (1560-1631). Les dix appartenant à la commune observance étaient Saint-Martin de Laon, regardée comme la deuxième maison, Saint-Yved de Braine, Chartreuve, Mont-Saint-Martin, Thenailles, Val Chrétien, Valsecret, Valsery, Vermand, Villers-Cotterêts ; les trois ayant appartenu à la congrégation de l'Antique Rigueur étaient Cuissy, quatrième abbaye de l'Ordre, Bucilly et Genlis. Les abbés des quatorze maisons nommaient à près de soixante-dix cures, desservies par des chanoines réguliers de l'Ordre. Au Moyen Âge, l'Ordre regroupait vingt-sept implantations prémontrées masculines et féminines. En effet, la particularité des abbayes prémontrées est d'avoir été, à leur début et ce pendant une génération, doubles : des moniales étaient installées dans l'enceinte ou à proximité. Elles furent éloignées vers 1140, sur les conseils de Bernard de Clairvaux. Les abbayes se dédoublèrent, mais les abbayes de femmes, à vocation contemplative, ne durèrent pas au-delà de la fin du XIIIe siècle. Il ne reste aujourd'hui en France qu'une seule de ces petites abbayes, appelée « La ferme des Dames », à Chéry-Chartreuve.

Quelques abbayes prémontrées jouèrent un rôle important dans le monde intellectuel aux XIIe et XIIIe siècles autour de la création de scriptorium (Cuissy) mais aussi au XVIIIe siècle, après avoir reconstitué leurs fonds dévastés par les guerres : plusieurs avaient des bibliothèques non négligeables (15 000 volumes à Saint-Martin de Laon, 5 315 à Cuissy, 5 000 à Bucilly, 2 234 à Vermand, 1 800 au Mont-Saint-Martin). Prémontré et Vermand avaient installé des cabinets de physique et de curiosités.

En haut : Val Chrétien, chapiteaux du portail.

Ci-contre : abbaye de Cuissy, tour de l'église, face nord.

Carte des fondations prémontrées dans l'Aisne

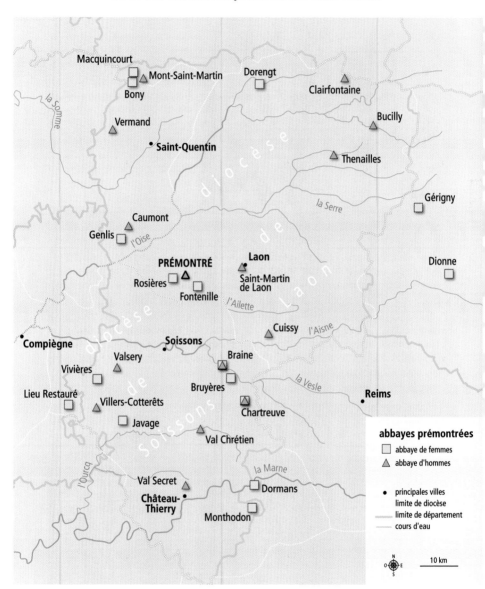

Les femmes dans l'Ordre

Oosterhout, cloître Sainte-Catherine, grand parloir.

de prières, une proximité de vie des deux communautés, dans deux bâtiments voisins. Chacun a son gouvernement, les frères ont un abbé et les sœurs une prieure, nommée par l'abbé et qui en réfère à lui seul pour les matières importantes. Bientôt les femmes sont en clôture stricte, suivent une vie de silence contemplatif, et n'ont aucun rôle pastoral ou missionnaire, à l'inverse des hommes.

I l est impossible de faire une synthèse sur l'histoire des moniales de l'ordre de Prémontré, car l'histoire de la branche féminine reste à faire. Tentons d'y apporter quelques jalons.

Norbert imagine-t-il un institut uniquement masculin, a-t-il envisagé une communauté apostolique dans laquelle les « saintes femmes se joignent aux apôtres » ? Très vite, elles se présentent à lui.

Au départ, en 1121, Rikwère, épouse de Raymond de Clastres, fait don de tous ses biens à Norbert et choisit d'embrasser la vie religieuse à sa suite. Elle forme la première communauté féminine liée à celle de Prémontré. Les sœurs tiennent l'hôpital pour les pauvres, les malades et les voyageurs. Elles ont leur habitation, contiguë à l'hôpital, et leur chapelle, séparée de celle des frères.

La nécessité de créer des monastères doubles voit vite le jour, car de nombreux adultes rejoignent ce nouveau mouvement religieux. À côté des membres du clergé, des laïcs mariés, surtout des nobles et des ministériaux, entrent parfois au couvent avec leur femme et leurs enfants.

Par monastère double, il faut entendre non pas une vie commune, mais une communauté

À partir des années 1160, époque où le chapitre général promulgue son décret contre l'admission des femmes, les monastères doubles ont tendance à être supprimés au profit de la création de maisons propres aux femmes, bâties non loin des monastères d'hommes, et appelées parthénons. Les femmes gardent toujours des activités au service des couvents masculins, comme la confection et le nettoyage des vêtements et des linges d'autel, mais doivent prendre en main le déroulement de l'office. Les *sorores cantantes*, servies par des converses, s'organisent à la manière des monastères d'hommes.

À la fin du XIIe siècle, elles aspirent à l'autonomie économique et l'on voit des partages de biens s'opérer entre monastère masculin et monastère féminin. Beaucoup, sur le modèle des abbayes cisterciennes, secouent le joug, deviennent autonomes et restent dans la dépendance d'un abbé qui, bien souvent, ne dispose plus que d'un droit de visite. Parfois, l'autorité de l'abbé diminue au profit de celle de l'évêque. Les femmes, qui sont rarement mentionnées dans les chartes, apparaissent dans les nécrologes, font usage de sceaux. Aux Pays-Bas et dans le nord de

Abbaye aux Dames de Chéry-Chartreuve
(Aisne), façade ouest.

la Rhénanie, elles conservent leur ancien titre de prieure, au contraire du Palatinat, de la Hesse et de la France, où elles reçoivent le titre de maîtresse.

Au XVᵉ siècle, elles disparaissent en France où il ne reste plus que deux maisons : Bonneuil (dép. Somme, dépendant de Prémontré) et Mirambeau (dép. Charente-Maritime, dépendant de Pleine-Selve), transférée à La Rochelle, et qui s'éteint après la prise de la ville par les protestants. Après s'être réformés, à la même époque, dans les états allemands – nouvelle discipline, ré-instauration de la clôture – les couvents de femmes sont en majorité supprimés, en raison du choix des princes qui adhèrent à la Réforme. Certaines provinces comme la Westphalie et la Bohême ont connu une floraison durable (30 abbayes de femmes pour 15 abbayes d'hommes).

En Espagne, les deux monastères de Toro et de Villoria ont survécu jusqu'à nos jours,

grâce à leur séparation d'avec l'Ordre au XVIᵉ siècle.

En 2006, les communautés sont au nombre de 18 : en Espagne, Villoria de Orbigo (1243), Toro (1303) ; en Pologne, Krakow (1162), Imbramovice (1226) ; aux Pays-Bas, Sainte-Catherine d'Oosterhout (1271), Mariëngaard (1992) ; en Suisse, Berg Sion (1766) ; en Belgique, Veerle (1858) ; en France, Bonlieu (1871), la maison de Valmont ayant disparu en 2005 ; en Hongrie, Zsámbék (1927) œuvre pour les familles pauvres, et a une école technique qui accueille 500 pauvres ; en Allemagne, Rot an der Rot (1950) ; en République tchèque, Doksany (re-fondation à partir de Krakow en 1998, 9 sœurs) et Radvanov qui a 3 prieurés ; en Autriche, Mont Saint à Etsdorf (1954) ; en Slovaquie, Vrbové avec 4 maisons ; en Roumanie, Oradea-Nagyvárad ; aux USA, Tehachepi (1997, 14 sœurs), communauté liée à Saint-Michel d'Orange, en Californie.

Les sœurs ont été invitées pour la première fois au chapitre général à Rome en 2000, sans toutefois y avoir voix délibérative. Une commission attentive à l'évolution des liens entre les communautés, de statut juridique si différent, vient d'être créée.

Abbaye de Doksany (République tchèque). La prieure avec le père abbé et un frère de Mondaye, 2003.

1. Ecclesia B.Mariæ. S. Ioanis. 2. Claustrum. 3. Dormitorium maius. 4. dormitoriū Noitiorū, schola, & Infirmitoriū. 5. Refectorium maius. 6. Refectoriū minus. 7. Bibliotheca. 7. Aula Regia. 8. Pharmacorum officina. 9. locus Sum. S. Thomæ. et Historiarū, ió. ædes Abbatiales. 11. Prouincia Froncier. 12. flos hac 13. portuū Bū piccador. 14. Scriuannier. 15. Aula Cryptali Galis. 16. fyluæ deoccerret heldensis. 17. Historias vini once. 18. antiquā dormitoriū Conuctorum. 19. P. Vicephalicæ. 20. Bo... hamier. 21. Moratiur. 22. Hungariæ. 23. Angloir & fotier & porta S. Ioanis. 24. Xenodochium pauperū. 25. P. fueuar & Bauariæ. 26. Boloniæ & Lixoniæ. 27. Nõma. 28. Porta Conuentus. 29. P. Lotharingiæ. 30. Burgundiæ. 31. Auerniæ. 32. Fra... hauriar. 33. Flandriæ. 34. stabula equorū. 35. horti fluuiatilis. 36. horti Canonicorū. 37. Pomariū Canonicorū. 38. Pomarium Abbatis. 39. Porta S. Norberti. 40. additus. 40. Puteus, cui, in extremo visitur antiquiss. S. Norberti foceslum.

Le monastère double

La particularité des abbayes prémontrées au XIIe siècle fut donc d'être doubles. Vers 1121, Rikwère, épouse de Raymond de Clastres au diocèse de Noyon, après avoir donné tous ses biens à Norbert, voulut se consacrer à Dieu. Elle constitua alors la première communauté de femmes, établie à proximité de celle des hommes, et dirigea le «xénodochion», hôpital ouvert aux pauvres, aux malades et aux voyageurs. Avec la propreté à l'autel et la correction des manquements au chapitre, l'hospitalité est, en effet, l'une des trois recommandations de Norbert à ses frères.

Les sœurs disposaient d'une petite chapelle séparée de celle des hommes – probablement sous le vocable de Saint-Gervais et Saint-Protais – et logeaient dans un monastère contigu à l'hôpital. Il semble que leur rôle ait consisté surtout à assister les chanoines par des travaux de lavage, de préparation de la laine avant tissage, de

Vue cavalière de l'Archimonastère de Prémontré. Peinture se trouvant à l'abbaye de Wilten (Autriche).

tissage, de couture, de cuisine des repas et d'entretien des vêtements et ornements de sacristie. On connaît le nom de quelques-unes des donatrices qui entrèrent en religion par la suite : Helvide, femme d'Ivon, en 1124 ; Adelvie, veuve de Gui de Guise, en 1135 ; Aelidis, fille d'Hugues de Péronne, en 1138. Sans accorder un grand crédit à Hermann de Tournai dans le livre des miracles de Notre-Dame de Laon, car il fut témoin oculaire et contemporain de la création du monastère double de Prémontré, auquel il prête plus de mille converses, il y a tout lieu de penser que le recrutement fut considérable et pesa sur les deniers du chef d'ordre.

Dès 1137-1140 selon les sources médiévales, le chapitre général aurait décidé la séparation des couvents de sœurs d'avec ceux des hommes, leur établissement à une lieue, voire même la suppression de leur recrutement, sous l'influence de saint Bernard, qui avait fait des remontrances à Luc de Roucy, premier abbé de Cuissy, contraint de sévir contre un frère « honteusement tombé ».

Le couvent des femmes fut donc éloigné par Hugues de Fosses en 1141 à Fontenille (Wissignicourt, Aisne), sous la direction de Dame Agnès de Baudement de Braine, qui bâtit une nouvelle maison sur un terrain concédé par l'évêque de Laon. Puis les religieuses durent s'installer encore plus loin, en 1148, sur le domaine de Rosières (Coucy-la-Ville, Aisne) donné par Raoul de Coucy, avant d'être envoyées enfin, vers 1170, à Bonneuil (Esmery-Hallon, Somme).

Hugues III prit un décret en 1240, confirmé par le chapitre général en 1248, pour régler la situation des sœurs de Bonneuil : leur nombre ne devait pas excéder vingt en raison de la capacité d'accueil limité ; la religieuse choisie par le père abbé pour gouverner la maison des sœurs, n'eut plus droit au titre de prieure ou supérieure mais à celui de « magistra », maîtresse. L'obituaire de Prémontré signale encore quelques sœurs au XVe siècle. La maison, cependant, semble s'éteindre doucement vers 1474, époque où le domaine fut affermé.

Quant à l'hôpital, qui fut entretenu jusqu'au XVIIe siècle dans l'abbaye, il nourrissait, dans les années 1124-1125, plus de 600 pauvres, y compris les 120 accueillis grâce à un don fait par Norbert. Il avait une annexe à Saint-Quentin, où il servit à plusieurs reprises

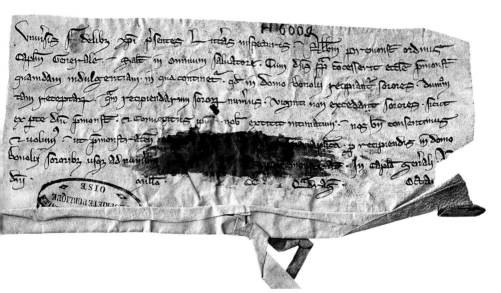

de lieu de refuge en temps de guerre. Le chapitre général s'y tint plusieurs fois à partir de 1351, en particulier entre 1497 et 1512.

De ces installations successives, il ne reste rien, à l'exception de lieux occupés par de grandes fermes reconstruites au XVIIIe siècle et après la guerre de 1914-1918. De l'hôpital de Prémontré agrandi sous l'abbé Jean de Rocquigny (1247-1249), reconstruit sous Jean Despruets (1572-1596), et qui servit d'écurie au chapitre général de 1663, tout a disparu : les derniers vestiges ont brûlé dans l'incendie de la ferme en 1878.

Décret du chapitre général de 1248 (AD Oise, H 6009).

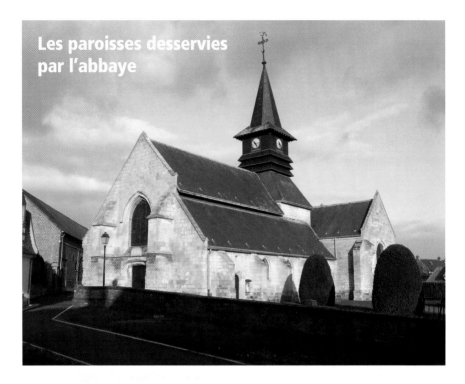

Les paroisses desservies par l'abbaye

Église d'Offoy (Somme). Élévation sud-ouest.

L'abbaye de Prémontré ne desservait que six paroisses : Dorengt et Hannappes près de Guise, Douchy près de Saint-Quentin, Eppeville et Offoy près de Ham, sans oublier celle de Prémontré. Elles étaient assez éloignées et nécessitaient un prieur-curé à demeure.

La terre de Dorengt fut donnée à Prémontré en 1126, qui y bâtit un prieuré-cure vers 1145-1155. De l'église médiévale dédiée à saint Pierre et saint Paul, il ne reste rien. Elle a été complètement reconstruite en 1742, comme l'indique la date sur la façade ouest, par l'architecte Pierre Lanthony demeurant à Lizy, à proximité de l'abbaye. L'édifice, tout en brique, aux encadrements des baies en pierre blanche, petit vaisseau de 27 m de long sur 8 m de large, est assis sur un solin en grès et adopte un plan allongé se terminant par un chevet polygonal, prolongé d'une sacristie, de la même époque, mais plus basse. Du décor et du mobilier, il ne reste que la pierre tombale, datée de 1764, de la famille de Jean-Louis Dehon, fermier de Ribeaufontaine. Le logis prioral, contemporain, est en très mauvais état.

Le prieuré-cure d'Hannappes, composé de l'église dédiée à Saint-Jean l'Évangéliste, bâtie probablement à la fin du XIIe siècle, et d'un logis reconstruit au XVIIe siècle, fut occupé par les Prémontrés jusqu'en 1792.

L'église, dont la façade occidentale, au pignon très prononcé, construite en moellons de calcaire blanc, atteste l'époque médiévale, a reçu d'importantes transformations à la charnière du XVe et du XVIe siècle, comme l'indique la mouluration de la fenêtre de la chapelle sud-est.

Localisation des paroisses.

Douchy, dans le diocèse de Noyon, éloigné d'à peine 15 km de Saint-Quentin, faisait partie de l'alleu de Germaine donné aux Prémontrés en 1135 par Adeline, dame de Guise. L'église porte le vocable de Laurent, saint très vénéré par les Prémontrés depuis 1243, date à laquelle l'abbaye Saint-Martin de Laon a eu en sa possession une relique du saint, qui fut exposée dans l'église et fit l'objet d'un important pèlerinage. La construction de l'édifice n'était sans doute pas antérieure à cette date. Il se distinguait par son clocher qui servait de refuge à la population. Il fut détruit en 1865 pour faire place à un nouveau lieu de culte, reconstruit par l'ingénieur Pierre Bénard avec des peintures d'Alphonse Leveau et des vitraux de Maréchal. On garde le souvenir de l'église primitive, grâce à un dessin d'Amédée Piette. Le portail fut donné à la Société Académique de Saint-Quentin, qui l'avait placé à Fervaques, vers 1870.

Le prieuré-cure d'Offoy (Somme), non loin de Ham, a résisté à la Première Guerre mondiale, à l'exception du clocher en charpente qui s'est écroulé. L'église, dédiée à saint Léger, remonte au XIIe siècle et a bénéficié d'importantes restaurations au XVIe siècle. Elle comprend une nef de cinq travées des années 1150, flanquée de bas-côtés refaits au XVIe siècle, barrée par un transept contemporain, et prolongée par un chœur rectangulaire de la fin du XIIe siècle. L'église Saint-Martin d'Eppeville (Somme), à proximité, n'a pas été épargnée par la Seconde Guerre mondiale. Construite tout en grès, elle remontait au XIIe siècle. La nef longue de trois travées avait perdu son unique bas-côté au sud mais avait gardé une tour carrée imposante. Le chœur, rectangulaire, avait été restauré au XVIIIe siècle, de même que la chapelle nord, en brique, qui l'accostait. L'église actuelle a été terminée en 1963.

Église d'Hannappes. Élévation ouest.

La reconstruction au XVIIIᵉ siècle

Les absences des abbés commendataires nommés par le pape depuis Rome (François Pisani et Hippolyte d'Este de 1535 à 1572) et par le roi (Richelieu 1636-1642), qui n'entretenaient pas les bâtiments, le vandalisme des calvinistes en 1567, les dévastations de la guerre de Trente Ans en 1653, les désordres successifs dus aux intempéries de 1693 et les dépenses inconsidérées de l'abbé Michel Colbert (1667-1701) furent parmi les nombreuses causes du mauvais état des lieux réguliers, qui nécessitaient des travaux urgents ; aussi, les chanoines, poussés par le goût du beau et du neuf, après l'assainissement de leur temporel, entreprirent-ils, sous la direction d'abbés dynamiques, la restauration, voire la reconstruction de leur abbaye.

Ci-dessus : armes parlantes de Michel Colbert : d'or à la couleuvre ondoyante d'azur mise en pal lampassée de gueules (BM Laon, ms 500, f° 369).

Ci-contre : « vue de l'abbaye de Prémontré sous l'abbé général Colbert avant qu'elle fût rebâtie sous Colbert et l'abbé Bécourt ». Au premier plan le logis abbatial et ses jardins. Dessin à la plume et au lavis, vers 1670 (BM Laon, ms 537, Q 3-1, vol. 2).

Page précédente : logis abbatial, escalier achevé en 1746.

Portrait de
l'abbé Michel Colbert.
Gravure de Van
Schuppen, 1680.

La reconstruction d'une abbaye au XVIIIᵉ siècle était une entreprise si onéreuse, que la communauté religieuse qui la décidait, ne pouvait s'y engager sans avoir prévu un financement s'étendant sur des années.

La communauté de Prémontré ne pouvait renouveler la faillite, dans laquelle l'avait plongée l'abbé Colbert (†1701), au moment de la construction du collège rue Hautefeuille à Paris, criblant de dettes l'archimonastère. Avant tout l'abbaye devait liquider 360 000 livres de dettes, somme représentant à elle seule la reconstruction d'une très grande maison.

L'abbé Claude Honoré Lucas de Muin s'employa donc à assainir, pendant quinze ans, la situation économique dramatique de l'abbaye. Son prédécesseur, Philippe Celers (1702), élu par la communauté, avait résigné la charge devant les difficultés annoncées.

L'abbaye tirait peu de profit des revenus ordinaires (fermages, coupes de bois régulières, dîmes, droits seigneuriaux, baux…) qui étaient passés de 30 000 livres en 1725 à 40 000 livres en 1738. Elle n'investissait guère plus d'un quart de ses revenus dans les travaux de construction. Elle trouva donc des subterfuges et d'autres expédients pour construire, dont les principaux furent la dot des

Fronton du corps
central. Armes du prélat
Lucas de Muin, très
martelées : « d'argent à
la fasce d'azur chargée
de trois glands d'or
accompagnées de trois
merlettes de sinople,
posées deux et une ».

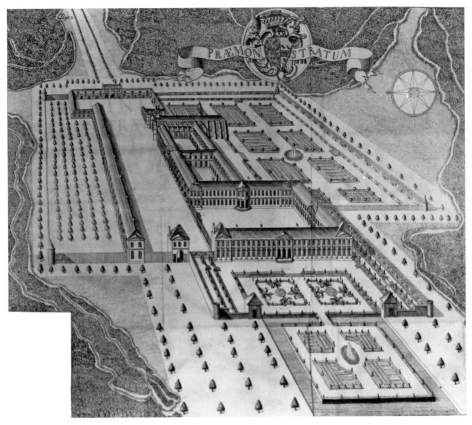

Ce plan à vol d'oiseau gravé par Nicole montre le vaste projet de reconstruction conçu par Lucas de Muin. Seul, le grand corps de logis du second plan et l'aile en retour d'équerre à gauche ont été réalisés.

religieux entrant dans la maison, la caisse de l'Ordre qui cotisait pour l'ensemble des abbayes mais d'abord pour le chef d'ordre, et enfin les coupes extraordinaires des bois de réserve (500 arpents sur 2 000) qui pouvaient, les bonnes années, rapporter 50 à 80 000 livres. Pour Lucas de Muin (1702-1740), il n'était en effet, plus question de recourir à l'emprunt. Grâce à l'appui du roi qui avait, par l'intermédiaire de l'intendant de la généralité de Soissons, épargné les frais de justice, débouté les faux créanciers, l'abbaye d'exsangue qu'elle était, pouvait reprendre vie à condition de rembourser 18 000 livres de dettes par an, et ce à compter de 1707.

La reconstruction de Prémontré pouvait donc être envisagée et pouvait même commencer : elle fut la concrétisation d'un effort commun, conséquence d'une étroite collaboration entre les hommes : les abbés d'une part, maîtres d'ouvrage qui financèrent, décidèrent l'entreprise, conçurent le programme et essayèrent de le mener à terme ; les architectes d'autre part, maîtres d'œuvre qui dessinèrent, tracèrent des plans, mirent à exécution le projet et le conduisirent d'un bout à l'autre. Cette réalisation ne fut possible qu'avec l'aide d'équipes d'ouvriers et d'artistes, presque tous tombés dans l'oubli.

Le chapitre de 1717 symbolisait un nouveau départ pour l'abbaye qui commençait à relever ses bâtiments. Plus d'un million de livres fut dépensé au cours du XVIIIᵉ siècle pour leur reconstruction.

Six grands abbés assurèrent le gouvernement de l'abbaye et de l'ordre durant ce siècle et présidèrent à la réédification. Sans s'appesantir sur leur personnalité, il faut citer quatre d'entre eux qui furent de vrais prélats bâtisseurs.

Portrait de Claude Honoré Lucas de Muin. Gravure de Nicole, vers 1720.

C.-H. Lucas de Muin, né en 1657 à Amiens, était d'une famille noble, originaire de Picardie. Son père avait été trésorier de France. Docteur en théologie, il fut prieur à Saint-Paul de Sens, à Saint-Just de Breteuil, à Thenailles, enfin à Prémontré où il fut aussi procureur. Outre la fortune personnelle dont il jouissait, il sut faire jouer ses influences et, pour son aisance personnelle, ne se satisfit que des revenus d'un petit bénéfice (6 000 livres), qu'il avait près de Provins. Pendant les vingt-deux dernières années de son administration, Prémontré fut un immense chantier. Il eut l'heureuse initiative de commencer les travaux par les bâtiments conventuels et de les terminer par ce qui devait être le logis abbatial et qui ne fut pas édifié de son vivant.

Cette première campagne fut encadrée par les deux derniers chapitres généraux de 1717 et 1738. Elle fut confiée aux frères Bonhomme, sans que l'on sache s'ils donnèrent les plans de la nouvelle bâtisse. En l'absence de plans anciens, de devis descriptifs et de procès-verbaux de réception, seule la gravure de Nicole publiée dans l'ouvrage de C.-L. Hugo montre quel était le projet de Lucas de Muin, projet grandiose qui embrassait toutes les constructions, y compris l'église. L'ensemble des édifices devait regarder l'ouest. Un immense corps de logis à l'est, encadré par deux ailes, l'une au nord, l'autre au sud, devaient servir de palais abbatial, procure et salle du chapitre. Derrière l'aile nord, à la place des quatre cloîtres et cours hérités du Moyen Âge, deux cloîtres spacieux avec une

aile occidentale les fermant, prolongeaient la perspective jusqu'à l'église, totalement rhabillée, voire reconstruite.

L'ordre des travaux paraît avoir été celui-ci : de 1717 à 1728, construction de l'aile occidentale des lieux réguliers (au rez-de-chaussée : réfectoire, salle des stations, cloître ; à l'étage bibliothèque) ; à partir de 1728, réaménagement au premier étage de l'aile est, du grand dortoir, déjà réparé en 1670, probablement découpé en cellules ; 1730-1731, construction du grand escalier du dortoir par Charles Bonhomme ; de 1732 à 1738, restauration de l'église (blanchiment des murs, réfection du pavage, élargissement des baies sud), enfin, élévation du grand corps de logis central appelé plus tard « de l'horloge » (aile nord du projet).

La dynastie des Bonhomme, entrepreneurs ou architectes, qui œuvra à Prémontré, fut sans doute choisie à la demande du grand maître des eaux et forêts d'Île-de-France, qui autorisait la délivrance des coupes extraordinaires de bois.

Grand corps de logis central vu depuis la route allant d'Anizy vers Saint-Gobain.

Originaires de Reims, issus d'une famille d'architectes depuis trois générations au moins, deux des cinq frères et sœur, Nicolas et Charles, travaillèrent sur le chantier. Nicolas (1699-1771) y apparut en 1718, comme entrepreneur en marbre. Il obtint les plus grands marchés contemporains et régionaux lancés par les Bénédictins, les Cisterciens et les Prémontrés : Barisis-aux-Bois (réparations en 1722), Nogent-sous-Coucy (réparations de 1725 à 1728), Cuissy (construction d'une nouvelle église de 1725 à 1746), Vermand (reconstruction abbatiale, église, lieux claustraux, de

Ci-dessus et page suivante : grand corps de logis central. Vestibule d'entrée, de plan elliptique, aujourd'hui transformé en chapelle. Voûte barlongue en arc de cloître, surbaissée à lunettes. À leurs retombées, têtes d'anges et têtes féminines (espagnolettes).

1734 à 1736), Saint-Jean de Laon (réparations en 1741), Vauclair (réparations en 1741). Son plus grand chantier fut certainement celui de la cathédrale de Reims où, sur le devis de Vigny, il se rendit adjudicataire des travaux de 1737 à 1744. À Reims, on lui confia encore la porte des Promenades (1740), la restauration de l'abbaye Saint-Denis (de 1743 à 1752). Après la mort de son frère Charles, il poursuivit la reconstruction de l'abbaye Saint-Martin de Laon, aux deux tiers réalisée. On fit appel aussi à lui pour ses qualités d'expertise, à l'hôpital général de Soissons et aux bâtiments dépendant de l'évêché de Laon.

Quant à son frère Charles (1701-1737), mort jeune et en pleine célébrité, il avait acquis une maîtrise de la construction des escaliers, qui révélait une connaissance consommée du trait, reconnue même par le jésuite l'abbé Laugier (1713-1769), réputé pour son

Grand escalier portant sur des voûtes plates, sans autre appui. Construit par Charles Bonhomme, il desservait église et dortoir et fut détruit à la Révolution. Gravure de Née d'après un dessin de Tavernier, vers 1787. Publiée dans J.-B. Laborde, *Voyages pittoresques de l'ancienne France*, Paris, 1792, t. X.

Essai sur l'Architecture. Comme son frère aîné, Nicolas, il dirigea, sur un laps de temps très court, plusieurs chantiers de constructions pour les Prémontrés et les Bénédictins. Présent à Prémontré en 1730 et 1731, il y établit sa renommée en construisant le grand escalier du dortoir des religieux ; « dessiné avec beaucoup d'élégance, il réunit à la légèreté la hardiesse et la solidité. Deux paliers surtout qui partagent par moitié chacune des deux rampes et qui offrent une masse considérable qui ne paraît soutenue sur rien, étonnent les spectateurs. Le Père Laugier, à qui il paraît que rien de ce qu'il a vu à Prémontré n'a plu, ne pouvait nier que ce morceau ne fût fort hardi, représente cette hardiesse comme effrayante, et ce n'est pas assurément ce sentiment qu'elle inspire. Si on y était porté, on serait bientôt ramené par le gracieux des formes. On admire parce que l'ouvrage est fort beau et a quelque chose de surprenant mais on n'en est point effrayé. Ce n'est pas cependant à un artiste de nom qu'est dû ce bel ouvrage. Il est presque l'effet du hasard. Un simple appareil-leur parfaitement instruit de la science du trait, et chargé alors de diriger la construction des bâtiments de Prémontré, retenu pendant l'hiver dans cette maison parce qu'il ne lui restait rien de ce qu'il avait gagné, l'imagina et proposa de l'exécuter, ce qu'il fit presque seul. Il taillait ses principales pierres dans une salle fermée et les posait lui-même. Il s'appelait Bonhomme et il était né à Reims». Il construisit également les bâtiments de l'abbaye de Saint-Nicolas-aux-Bois, ceux de Marmoutier, en 1736 l'aile orientale et le grand escalier à jour elliptique de Saint-Martin de Laon, en 1737 la galerie nord et l'escalier du dortoir de Saint-Germain-des-Prés et enfin l'aile sud de l'abbaye de Saint-Denis, où il mourut subitement, à la fin de septembre 1737, après deux mois de travaux.

Grand corps de logis. Détail de la clé d'une baie.

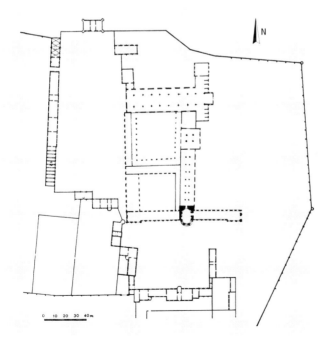

Restitution du plan de l'abbaye en 1740.

Bruno Bécourt (1741-1757) fut avec Lucas de Muin le grand mécène de Prémontré. C'est le plus mal connu des abbés du XVIII⁰ siècle. Ni ses date et lieu de naissance, ni son portrait ne nous sont parvenus. Seule son œuvre de pierre témoigne encore de son génie de bâtisseur qu'il exerça d'abord à Dommartin (Pas-de-Calais), puis à Prémontré. Élu abbé en 1741, il était considéré comme un homme d'action, intelligent, excellent administrateur tant sur le plan spirituel que temporel. «Il ne renonça pas à poursuivre la construction des édifices commencés par Lucas de Muin : toutefois il en changea le plan en l'améliorant et en le rendant plus élégant, conservant l'ordre ionique adopté dans le premier bâtiment. Les beaux bâtiments qui regardaient le midi et ne devaient être qu'une aile devinrent la façade principale sur une vaste cour fermée par une grille. Aux deux côtés de cette façade furent construites à la droite [à l'ouest] l'abbatiale, à la gauche [à l'est] les procures où se trouvaient des logements pour le temps des

Logis abbatial. Élévation orientale.

Procure. Élévation
occidentale.

chapitres. Un vaste jardin fermé par un canal revêtu de pierres accompagnait l'abbatiale et pour dégager le tout, d'énormes déblais de terre avaient été entrepris ; il en résultait que l'abbaye de Prémontré offrait aux yeux un des plus magnifiques aspects et ressemblait plutôt à une maison royale qu'à un monastère. M. Bécourt exécuta en quinze ans ces grands travaux et laissa encore des sommes considérables ».

On en est réduit aux hypothèses pour cette deuxième campagne de construction, pour laquelle on a retrouvé très peu de documents d'archives. L'adjudication des travaux fut faite le 28 septembre 1741 et se montait à 75 050 livres. Le chantier paraît s'achever en 1746, date qui figurait sur la rampe d'escalier de l'abbatiale et marquait peut-être la fin du gros œuvre.

Cour d'honneur. Vue
aérienne vers 1960.

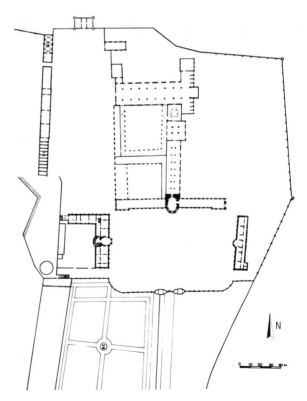

Restitution du plan de
l'abbaye en 1757.

On sait que les communautés religieuses comptaient dans leur sein d'ingénieux artisans et des frères convers habiles au trait. Plusieurs sont connus qui circulaient de maison en maison dans l'ordre de Prémontré. Deux d'entre eux pourraient avoir participé à la reconstruction de Prémontré, voire donné des plans. Il s'agit de frère Louis Démezure, protégé de l'abbé Colbert, qui aurait pu se trouver sur le chantier de l'abbaye, avant sa mort à Rangéval en 1736. Mais il s'agit surtout de frère Arnould Millot, qui participa à la reconstruction de Bucilly et se trouvait à Prémontré, quand il décéda le 5 octobre 1742. Il avait été l'élève du frère Nicolas Pierson, architecte de Pont-à-Mousson et de Jandeures.

Armes de l'abbé Bruno Bécourt.

Bruno Bécourt, même s'il fit appel à A. Millot, dut recourir à un autre architecte, meilleur encore que ceux embauchés par son pré-décesseur. On pense à François II Franque qui travailla plus tard au logis abbatial de Villers-Cotterêts, à Briseux qui éleva l'abbaye de Saint-Just-en-Chaussée, ou encore à Boffrand, appelé par le duc Léopold à Nancy, et dont l'influence fut grande en Lorraine, là où l'ordre de Prémontré prospérait. Mais, on est dans l'incertitude.

Logis abbatial. Rampe en ferronnerie de l'escalier, timbrée aux armes de Bruno Bécourt. La date qui figurait au-dessous de l'écu a été ôtée.

Orangerie. Élévation est.

La troisième campagne de travaux n'eut pas l'ampleur des précédentes. Conduite par l'abbé Parchappe de Vinay (1758-1769), qui ne reprit pas à son compte le projet de rebâtir l'église, elle consista en constructions plus utilitaires : granges qui fermaient la deuxième cour au nord, remises et bâtiments domestiques dans la troisième cour (qui brûlèrent dans l'incendie de 1878), reconstruction de la porte Saint-Jean après la démolition de l'ancienne qui ressemblait à une sorte de forteresse, réédification partielle du mur d'enceinte au nord-est.

Le programme de la reconstruction quasi totale de l'abbaye devait s'achever avec la réédification de l'église.

En 1780, une remontrance des religieux donnait déjà le ton : « En arrivant à Prémontré, on en admire la façade plus digne d'un palais que d'un humble monastère mais on se dit que le plus essentiel manque et qu'avant tout cela, on aurait dû construire une église. L'église de Prémontré reléguée au fond d'une basse-cour, dépérit depuis longtemps. Son ancienneté et le peu de soin qu'on a de la réparer, annoncent sa ruine prochaine. Elle n'a d'autres ornements que les murailles ; le grand autel est plus simple que dans les

Page précédente : logis abbatial. Avant-corps central.

Porte Saint-Jean, vue
extérieure.

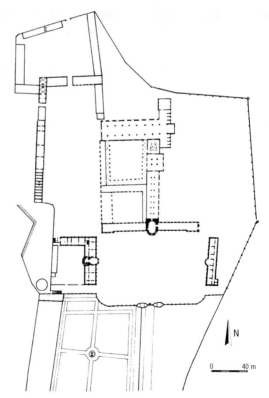

Restitution du plan de
l'abbaye en 1769.

Grange Saint-Jean.

pauvres fabriques ; [...] le général [Manoury] vient d'obtenir une réserve considérable près de Laon d'environ 150 000 livres. Elle n'aurait dû être demandée que de l'aveu du chapitre conventuel pour raisons déduites. La communauté n'en connaît pas d'autres que la construction d'une église et d'une horloge. De l'église nulle question ; l'horloge qu'on aurait pu ajourner coûtera 7 à 8 000 livres et elle se fait pour l'instant [...].

Il revint à Jean-Baptiste L'Écuy de reprendre l'idée de la construction d'une nouvelle église digne d'un chef d'ordre : Cîteaux avait commencé depuis 1762 une immense reconstruction, sur les plans de l'architecte Lenoir (gigantesque quadrilatère de 215 m de côté, commencé mais inachevé), Cluny n'avait rebâti que ses bâtiments conventuels vers 1750, Grandmont avait reconstruit toute son abbaye (détruite malheureusement vers 1817), Prémontré devait tenir son rang. L'Écuy

Portrait de l'abbé Manoury conservé au Musée de Laon.

Vue de l'abbaye de Prémontré chef d'ordre en 1787. Dessin à la mine de plomb rehaussé à l'aquarelle par Voyeux de Wissinicourt, capitaine d'artillerie (BM Laon, ms 655, n° 12). Don de l'abbé L'Écuy à la bibliothèque de Laon.

exposait ainsi son programme : « Les données nécessaires de l'église à projeter pour l'abbaye de Prémontré sont un grand chœur qui contienne au moins quatre-vingts stalles, une nef qui n'a pas besoin d'être très considérable, parce que le peuple qui s'y rassemble ne peut jamais être très nombreux, un portail qui fasse décoration dans une cour où il y a déjà d'assez beaux bâtiments et qui d'ailleurs doit faire face à une avenue qui fera dans la suite une des entrées de la maison […]. Quant au mode, on désire une architecture noble, grande, simple et élégante non par la richesse de ses ornements mais par la beauté des formes et l'accord de l'ensemble […]. On voudrait que l'église à faire, fût en église ce que l'escalier de Prémontré est en morceau d'architecture de ce genre, admirable plutôt par la beauté de l'idée, par ses formes simples, belles et hardies, que par ses détails […] ».

Deux architectes présentèrent un projet. Le premier, Jean-Baptiste Delécluze (1733-1806) « attaché par état à la maison collégiale de MM. les Prémontrés depuis plus de quatre-vingts ans de père en fils » avait fait d'importantes réparations au collège rue

Hautefeuille de Paris. C'est certainement à ce titre, peut-être aussi à la demande de l'abbé général, qu'il offrit ses services pour la construction d'une nouvelle église à Prémontré : il dessina et présenta en 1786 deux élévations intérieures où l'église est de type basilical, au chœur éclairé par une grande verrière ; l'Académie d'architecture ne semble pas y avoir donné suite.

Parallèlement, Jean-François Xavier Leclerc, architecte expert auprès de la maîtrise des eaux et forêts d'Île-de-France, développa de 1784 à 1786 un projet très détaillé. Il fit l'estimation des matériaux provenant de la vieille église, dressa des plans pour la future église, leva le plan général de tous les bâtiments avec plusieurs accès pour les entrées (disparu), construisit un modèle en plâtre, et alla jusqu'à rédiger le devis. Le plan proposé combinait plan centré et plan allongé : il comprenait une vaste rotonde couverte d'une coupole, servant de chœur aux religieux et de sanctuaire, une nef

« Plan de la nouvelle construction de l'église de l'abbaye de Prémontré, chef de l'ordre, diocèse de Laon, sur les données en raccordemens avec les masses des vieux batimens ». Projet, jamais réalisé, daté d'août 1785, dû à l'architecte J. F. X. Leclerc. (SAHS, n° 1)

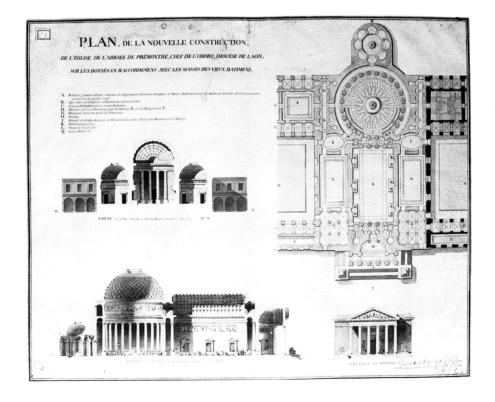

unique fermée d'un monumental portail hexastyle d'ordre ionique. Avec la chapelle sépulcrale prévue derrière le sanctuaire, l'édifice atteignait 106 m de long. Dans l'esprit du temps, il rappelait singulièrement l'église Sainte-Geneviève, avec toutefois une coupole moins élevée : 34,50 m de hauteur. Le projet fut soumis à l'Académie d'architecture, qui critiqua surtout la voûte en bois prévue, la non-gradation des ordres, les colonnes obstruant l'arcade qui ouvrait sur le chœur, l'absence de clocher et les différences de niveau pour raccorder église et cloître. Son coût était estimé à 550 000 livres, mais la mévente des bois qui devait financer tout ou partie de cette construction, et la Révolution bouleversèrent le grand dessein de la communauté de Prémontré.

Modèle en plâtre de l'église de Prémontré conçue en 1786 par J.-F.-X. Leclerc, déposé au Musée lapidaire de Laon, disparu en 1914.

Des travaux moins importants mais plus urgents furent entrepris en 1786, à l'initiative du chapitre conventuel qui fit creuser un canal derrière le potager, reprendre en sous-œuvre la salle capitulaire dont les piliers s'affaissaient sous le poids du dortoir et daller en pierre dure ce dernier.

« Élévation perspective de l'intérieur d'un projet pour l'église de l'abbaye de Prémontré ». Dessin à la plume et au lavis, daté de 1786, de J.-B. Delécluze, grand-père d'Eugène Viollet-le-Duc.

Jean-Baptiste L'Écuy, 57ᵉ et dernier abbé de Prémontré, chef et général de tout l'Ordre

Jean-Baptiste L'Écuy est né le 3 juillet 1740 à Yvois-Carignan (dép. Ardennes, anc. dioc. Trêves), d'un père Martin appelé tantôt bourgeois, tantôt marchand de cette ville, et qui eut six autres enfants, dont Nicolas qui fera profession à Prémontré. Jean-Baptiste reçoit la tonsure cléricale à onze ans, le jour de sa première communion. Après avoir fait ses études au petit collège d'Yvois, il acquiert une solide réputation de latiniste au collège des Jésuites de Charleville. Ses goûts, cependant, le portent autant vers la logique, la physique et les langues : il apprendra l'italien (1762) et l'anglais (1765).

Portrait de J.-B. L'Écuy. Peinture à l'huile sur toile, vers 1789 (BM Laon, n° 115).

En 1759, de retour du séminaire du Saint-Esprit à Paris, il passe par Bucy pour rencontrer un compatriote, alors curé prémontré, qui l'encourage à s'arrêter à Prémontré avant de regagner la maison paternelle. Reçu par le prieur François Demangre, il est conquis et revient le 19 octobre comme postulant. Après deux ans de noviciat, il fait profession solennelle, en 1761, entre les mains de l'abbé général P.-A. Parchappe de Vinay, son « mécène ». Envoyé au collège de Paris, rue Hautefeuille, il passe sa « tentative » et suit sa licence tout en tenant les chaires de philosophie et de théologie, dès 1766. Il suit également les cours d'anatomie du docteur Portal et ceux de chimie et de minéralogie de Sage, entre en relation avec le célèbre savant, l'abbé Nollet. Il est reçu docteur en théologie en 1770.

Le nouvel abbé général Guillaume Manoury, élu en 1769, le prend comme secrétaire et le désigne pour principal et prieur du collège, en 1775.

J.-B. L'Écuy se distingue en 1778 lors de la harangue d'ouverture au chapitre national (il en présida trois de 1782 à 1788) en démontrant l'utilité de joindre au ministère pastoral l'enseignement public. À la mort de Manoury, il est élu abbé général le 18 septembre 1780. Son premier soin est d'enrichir la bibliothèque de Prémontré « vaisseau médiocrement meublé » pour en faire « une des meilleures qui soit en province ». Il améliore les études des jeunes profès, établit une sorte d'école normale dans l'abbaye pour former des maîtres, compose et fait imprimer à leur intention des « Principes d'éloquence sacrée à l'usage des cours d'étude de l'ordre de Prémontré ». Il traite même, en 1788, avec Loménie de Brienne pour introduire des maîtres de l'ordre de Prémontré dans l'École militaire, à la place des Minimes. Il réforme les bréviaires et autres ouvrages liturgiques de l'Ordre, introduit des statuts nationaux. Sa passion pour les sciences l'incite à créer un cabinet de physique dans une des salles de la bibliothèque de l'abbaye et à faire constituer une flore peinte de Prémontré et du Laonnois (690 planches en 1790 dont 556 furent sauvées), en digne membre associé de la Société d'Agriculture de Laon.

Membre de l'Assemblée provinciale du Soissonnais, président de l'Assemblée d'élection de Laon (1787-1788), il débat à ce titre avec le bureau intermédiaire de l'assiette des impositions, de la mise en place des municipalités, des travaux des routes (entre autre celle reliant Pinon à Saint-Gobain par Prémontré pour désenclaver la région) et des ponts, des réparations aux presbytères et aux églises paroissiales, de la santé publique et des ateliers de charité.

De nombreux voyages le conduisent entre 1771 et 1784 en Flandre, Hainaut, Brabant, Wallonie, Bretagne, Suisse, Alsace et Franche-Comté où il visite de nombreuses abbayes reconstruites. Son autorité cantonnée aux frontières du royaume – puisqu'il ne préside plus que des chapitres nationaux pour des abbayes françaises – s'investit dans une image de prestige, l'architecture. Reflet de son époque, il aime le confort ; porteur d'une tradition prémontrée séculaire, il aime le beau : il fait lambrisser les salles capitulaires, sculpter de nouvelles stalles installées dans un chœur réaménagé, poser des cheminées en marbre dans le corps de logis, installer des poêles de faïence dans les salles d'étude et surtout nourrit un ambitieux programme de reconstruction pour Prémontré. Ainsi, les plans d'une nouvelle église sont arrêtés en 1785, accompagnant ceux d'une nouvelle entrée plus majestueuse s'ouvrant face au portail de l'église. En homme pragmatique, il souhaite du solide car écrit-il « une maison religieuse ne bâtit pas pour un petit nombre d'années et moins encore une église que tout autre espèce de bâtiment ». Ce projet grandiose, chiffré à 550 000 livres, différé à cause de la mévente des coupes de bois (qui devaient supporter le financement) avorte définitivement avec la Révolution.

Le 1er novembre 1790, J.-B. L'Écuy quitte le logis abbatial

Grand calice de J.-B. L'Écuy, daté de 1777. Sur la fausse-coupe, représentation de la Cène (Abbaye de Strahov, République tchèque).

de Prémontré et se retire avec son frère dans le vendangeoir de Pénancourt qu'il a racheté, avant d'être incarcéré à Chauny en septembre 1793. Libéré, il obtient la restitution de ses livres déposés au district de Chauny et se retire près de Melun, où il s'occupe de l'éducation et de l'instruction d'un petit nombre d'élèves choisis.

En 1801, il se fixe à Paris où il entreprend des travaux littéraires, traduit les œuvres de B. Franklin et celles de W. Scott avant d'être appelé en 1805 par le prince Joseph Bonaparte, roi d'Espagne, pour devenir son chapelain et son aumônier.

Alors qu'il est chargé de l'éducation religieuse et de l'instruction des jeunes princesses, il compose l'abrégé de la Bible de la Jeunesse, adopté dans les maisons d'éducation de la Légion d'honneur.

Chanoine honoraire en 1824 puis titulaire de Notre-Dame de Paris, il devient vicaire général de l'archevêque de Paris et finit ses jours au 8, rue de l'Éperon où il s'éteint en 1834.

Après avoir vu la destruction de Prémontré, le pillage de la bibliothèque de l'archevêché de Paris, il émet le vœu que son cœur rejoigne les reliques de saint Norbert à Strahov (Prague) et s'écrie : « Ah ! semper maneat, maneat Strahovia semper ! ». (trad. : Ah ! que Strahov demeure toujours, qu'elle demeure toujours !)

Sa dépouille mortelle a été transférée du cimetière du Montparnasse dans la nef de l'église prémontrée de Mondaye (Juaye-Mondaye, Calvados) en 1951.

Les bibliothèques

L a première bibliothèque importante – agrandissement de l'armarium réalisé par Hugues de Fosses ? – fut construite entre 1220 et 1233 par l'abbé Conrad, qui développa parallèlement un scriptorium. Elle fut enrichie de manuscrits par l'abbé Hugues d'Hirson (1238-1242) avant de disparaître dans un incendie, à la fin du XVe siècle. Elle fut remplacée par une nouvelle bibliothèque, aménagée au-dessus du petit réfectoire, à proximité de la « salle royale ». Elle mesurait 13,60 m sur 8,10 m et était éclairée à l'est et à l'ouest par des croisées. Remarquable par son plafond en marqueterie « en demi-relief », elle fut sans doute due à l'initiative de Jacques de Bachimont

(1512-1531). Elle brûla à son tour à la fin du XVIIe siècle. Il fallut attendre les années 1718-1728 avant la réalisation d'une nouvelle bibliothèque dans la grande aile occidentale en cours de construction, qui fermait les deux cloîtres. Ses dimensions étaient importantes : 42 m sur 9 m. Éclairée par vingt fenêtres, dix à l'est et dix à l'ouest, revêtue de lambris d'appui, parquetée, elle resta à moitié pleine jusqu'en 1780, époque où l'abbé Jean-Baptiste L'Écuy recueillit tous les livres qu'il put, les fit ranger, réparer, relier, fit réunir les quelques manuscrits oubliés ou négligés, et chercha à s'en procurer d'autres. Les livres étaient répartis méthodiquement dans 21 travées qui tapissaient les murs et

En haut et ci-contre : frontispice et vignette de la page de titre extraits de *La Vie de saint Norbert* de Charles Louis Hugo, Nancy, 1704.

Ci-dessus : bréviaire de J.-B. L'Écuy, partie hiver, 1786.

les manuscrits étaient conservés dans l'une des deux armoires qui fermaient à clé. Les portraits de plusieurs abbés généraux, avec celui de Benoît XIV, y figuraient ; deux très beaux globes, un bureau, des tables et des sièges la meublaient. En 1794, tout ce qui était boiseries et parquet fut arraché. En l'an VI, les menuiseries avaient disparu et en 1802, Deviolaine construisit à la place de la bibliothèque une halle pour étendre le verre, accompagnée de cinq fours. Ses derniers vestiges furent arasés définitivement à l'époque de l'orphelinat.

Le contenu de la bibliothèque connut un sort mouvementé. Le district de Chauny, dès 1793, après en avoir fait faire l'inventaire sur place par Deslandes, ancien directeur de Saint-Gobain, entreposa à l'humidité ou plutôt abandonna tous les livres à la manufacture de Saint-Gobain, avant de les envoyer à l'ex-cordelier Mezurolles, qui les conservait dans la bibliothèque du département, à l'ancienne intendance de Soissons, qui faillit totalement disparaître dans un incendie le 14 floréal an IV (3 mai 1796). Parallèlement, les livres appartenant à l'ancien abbé général croupissaient à Chauny et ne furent, semble-t-il, pas inventoriés. L'ensemble des deux fonds tenait dans soixante caisses.

Anne Bondéelle-Souchier, dans son *Répertoire des bibliothèques de l'ordre de Prémontré de la France d'Ancien Régime* – a pu identifier environ une centaine de manuscrits médiévaux provenant de Prémontré et conservés essentiellement à la bibliothèque municipale de Soissons. Les manuscrits plus récents, probablement ceux sauvés et donnés par L'Écuy, sont gardés par la bibliothèque municipale de Laon. L'un des plus illustres est la *Flore de Prémontré*, peinte en 1783 par Le Marchant de Cambronne.

En haut : deux planches de la *Flore de Prémontré* représentant le coquelicot et l'ancolie. Aquarelle par Le Marchant de Cambronne, 1783.

Ci-dessus : fer de reliure aux armes de l'abbaye de Prémontré, sur une reliure datée de 1607 : « d'azur, semé de fleurs de lis d'or à deux crosses d'argent passées en sautoir, brochant sur le tout ». L'écu est timbré d'une crosse et d'une mitre (coll. part.).

La Déposition de croix de Charles Lamy, 1737, un vestige des œuvres d'art à Prémontré

Huile sur toile. H. : 190 cm x l. : 158 cm
Signé et daté, en bas à gauche : Lamy, 1737.
Sur le cadre, cartel en cuivre : « B. Mariae
Ivodensi Joan.-Bapt. L'Ecuy Ivodensis abbas
Praemonstrati 1825 ».

peintre d'histoire avec pour morceau de réception *Jupiter foudroyant les titans*, œuvre conservée au Louvre.

De 1737 à 1742, il prend part au Salon avec des sujets religieux et mythologiques. C'est dans cette salle de l'Académie au Louvre, sur la corniche, qu'il expose en 1737 le tableau ainsi décrit : « Un Christ que l'on met au sépulcre par M. Lamy, académicien », dernière œuvre connue du peintre.

À la suite de Jouvenet et de Restout, il s'inscrit dans la grande tradition des peintres d'histoire, réputés pour leurs compositions religieuses.

Historique

On ne sait comment le tableau arriva jusqu'à Prémontré où il fut exposé jusqu'à la Révolution sur le maître-autel de la chapelle abbatiale.

Fut-il acheté par l'abbé Bruno Bécourt (1741-1757) qui fit construire le quartier abbatial, ou par l'abbé Jean-Baptiste L'Écuy (1780-1790) qui se déclarait le propriétaire de la toile et l'emporta à Paris avant de la donner à l'église de Saint-Gobain ? En effet, en 1825, le dernier abbé général, déjà très âgé, alors chanoine titulaire de l'église métropolitaine de Paris et vicaire général de l'archevêque de Paris, fonda dans l'église de Saint-Gobain une messe anniversaire pour les abbés généraux de Prémontré décédés. La paroisse est alors desservie par le RP Jean-Baptiste Demangeot (1742-1812), ex-chanoine régulier de l'ordre de

C harles Lamy (Mortagne-au-Perche, 1689 – Paris, 1743), d'origine normande est formé à la peinture dans l'atelier de son père Claude, puis s'installe à Paris où il devient l'un des élèves de Bon Boulogne.

Premier Grand prix à l'Académie en 1717 avec *Nabursadan général des armées de Nabuchodonosor délivrant le prophète Jérémie*, il est désigné en 1723 parmi les sept meilleurs élèves susceptibles de séjourner à Rome mais n'est pas choisi. Entre son agrément à l'Académie et sa réception, il peint d'autres œuvres dont deux nous sont parvenues et sont conservées aujourd'hui au musée de Tours. Il s'agit de deux tableaux réalisés pour le couvent des Dames de la Charité du Refuge, le premier daté de 1734 représentant une *Assomption de la Vierge*, le deuxième daté de 1735 *Les religieuses de Notre-Dame de la Charité du Refuge en adoration devant les Sacrés-Cœurs de Jésus et de Marie*. Il est reçu académicien le 5 novembre 1735 comme

Prémontré, ancien prieur de l'abbaye de Genlis.

Sur les dernières pages du diaire de Jean Fossier, conservé à la Bibliothèque municipale de Laon, J.-B. L'Ecuy explique qu'il a été convenu ce qui suit : « 1° un tableau de prix représentant une Descente de croix provenant de la chapelle abbatiale de Prémontré et appartenant à moi Jean-Baptiste L'Ecuy, ayant été déposé dans l'église paroissiale de Saint-Gobain par Mr de Mangeot, chanoine régulier de l'ordre de Prémontré, alors curé de Saint-Gobain, avec la réserve en ma faveur de le retirer quand je le jugerois (*sic*) à propos comme étant ma propriété… j'ai cédé et cède ce tableau à ladite église et paroisse pour y être conservé et en faire des ornemens (*sic*) à condition qu'en l'année 1827 au premier jour libre après le 11 juillet, jour auquel on célébroit (*sic*) à Prémontré la fête de saint Norbert, fondateur de l'ordre de ce nom, il sera fait dans l'église de Saint-Gobain un service solennel *pro Abbatibus Praem. defunctis*; 2° que les années suivantes et à perpétuité, il sera dit une messe basse à la même intention. »

Ce tableau est resté jusqu'à la guerre de 1914-1918 dans l'église de Saint-Gobain. Avant la restauration de l'église qui avait beaucoup souffert, il fut transporté en 1919 dans la chapelle de la glacerie où il resta pendu sur le mur sud, jusqu'à la fermeture de l'usine, en 1997. Aujourd'hui, il devrait regagner la cimaise de l'église paroissiale.

Description

Cette composition à quatre personnages – la Vierge, une des saintes femmes, deux hommes portant le Christ –, groupés derrière le corps du Christ disposé suivant une oblique descendante de gauche à droite est mise en page d'une manière serrée, donnant à la scène un caractère intense et dramatique. À la vue du rouge du manteau, on devine la palette riche et contrastée, aux couleurs franches mais peu discernables. Si les gestes demeurent convenus et emphatiques, les drapés sont souples et fluides.

Détail de la peinture : Joseph d'Arimathée.

État actuel

La dernière restauration connue de la toile remonterait à 1920 et a travesti la peinture avec des ombres mal appliquées et des aplats de couleur peu cohérents. Le tableau, relégué dans un local peu approprié, est très abîmé et sale, recouvert d'une couche de vernis brunâtre qui a assombri les couleurs, devenues quasi-invisibles. La peinture est écaillée en de nombreux endroits, en particulier dans la partie inférieure, avec des taches de moisissures, en particulier sur le visage du Christ. Les personnages sont recouverts d'une couche blanchâtre : le visage du Christ n'est plus qu'une tache, la Vierge, qui porte un voile foncé devenu roux, est très difficile à distinguer. Quant au cadre doré d'origine, d'une bonne largeur (20 cm), il a disparu au profit d'un cadre banal.

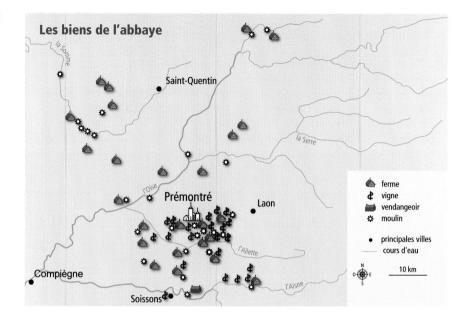

Les biens de l'abbaye

Saint-Quentin

Prémontré

Laon

Compiègne

Soissons

la Somme

l'Oise

la Serre

l'Ailette

l'Aisne

ferme
vigne
vendangeoir
moulin

principales villes
cours d'eau

10 km

Les biens temporels

L e temporel de l'abbaye de Prémontré n'a jamais fait l'objet d'étude approfondie jusqu'à présent. Pour le Moyen Âge, les sources sont plus nombreuses que pour la période moderne. Que reste-t-il pour jauger sa richesse et sa puissance ? Aucun plan-terrier, plus d'états de menses conventuelles et abbatiales, alors qu'elles ont été séparées en 1635 par l'abbé Pierre Gosset (1613-1635), et surtout plus de déclaration générale révolutionnaire, conservée seulement pour les bâtiments de l'abbaye (AN : F17A1168 Aisne), mais un riche cartulaire médiéval conservé à la bibliothèque municipale de Soissons (BM Soissons : ms 7), quelques arpentages et baux de fermes. Il est donc difficile d'évaluer les propriétés de Prémontré, qui consistaient en terres, fermes, vignes, vendangeoirs, bois et forêts, étangs, carrières, maisons urbaines, moulins et tordoirs, grosses et menues dîmes, rentes et droits seigneuriaux. Mais ne perdons pas

de vue qu'en contrepartie, l'abbaye avait des charges : charges d'entretien des « chœurs et cancels » de trente églises, pensions des prieurs-curés, frais d'entretien des moulins, fermes et maisons, tout ce qui touche à l'abbaye : frais de sacristie et d'entretien de l'église, horloge, orgue, organiste, aumônes et hospitalité, frais de médecins et drogues, gages des forestiers, portiers, décimes, pensions et vestiaires des religieux.

L'abbaye avait une implantation géographique qui dépassait largement son berceau initial. Après avoir acquis, dans son entourage, des terres pour se ménager un espace isolé et pour nourrir ses membres toujours plus nombreux, qui entraient par familles entières dans les deux premières décennies, elle a rayonné bien au-delà. Au nord, à plus de 60 km, elle a atteint la frontière en s'implantant à Dorengt et Hannappes, et en contrôlant l'Oise, à Germaine et à Bonneuil. Au sud, elle a poussé jusqu'à Soissons pour accéder jusqu'à l'Aisne et couvrir le secteur de la rive droite où elle s'est installée à Attichy (ferme du Navet), Trosly-Loire, Sorny, Leuilly, Vézaponin, Bieuxy (Valpriez), Bucy-le-Long et Soupir (d'ouest en est). Ses centres d'attraction sont Soissons et Saint-Quentin, plutôt que Laon.

Terres et fermes

En 1790, ses terres s'étendaient sur une cinquantaine de paroisses de l'Aisne, sur une dizaine dans l'Oise et la Somme. Les fermes, encore appelées cours ou censes, étaient au nombre de trente. Elles avaient été acquises, pratiquement toutes au bout des vingt premières années d'existence de l'abbaye. Il y en avait, à proximité de l'abbaye, trois sur Trosly-Loire, trois sur Wissignicourt, une à Anizy-le-Château (Pénancourt). Rosières et Bonneuil, monastères doubles de femmes, furent affermés, lors de leur extinction. On peut encore citer la cense de Valecourt (Chevresis-Monceau) et de Ferrières (La Ferté-Chevresis) dans le Marlois, celles de Germaine, Cauvigny et Ecany dans le Vermandois, ou encore celle de Ribeaufontaine à Dorengt, la plus éloignée certainement, en Thiérache. La plupart furent reconstruites au XVIIIe siècle, parfois à la suite d'incendies (Bonneuil : 1706, Ribeaufontaine : 1740, Loire : 1768). La mise en culture représentait plusieurs centaines d'hectares.

Vignes et bois

Le site de Prémontré ne se prêtait guère à la culture de la vigne. Mais cela n'empêcha pas l'abbaye de pratiquer une viticulture intensive. Très vite par dons, par échanges et par acquisitions, l'abbaye se constitua

Carte des bois conservée à Prémontré, vers 1667.

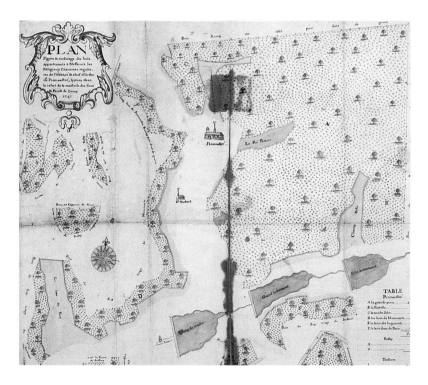

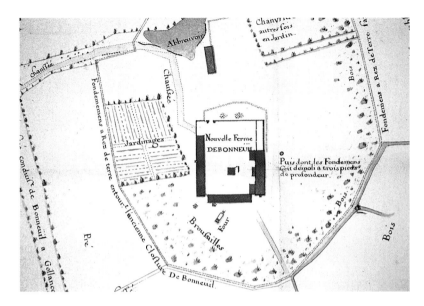

Ferme de Bonneuil à Esmery-Hallon. Plan d'arpentage de 1724 (AD Oise, H 6025).

un vignoble sur les coteaux de l'Ailette – à Merlieux par exemple où elle regroupa 24 parcelles dès le début du XIIe siècle – et sur ceux de la rive droite de l'Aisne où vers 1140 elle acquit une centaine de pièces à Soissons et dans les proches environs. Elle avait des parcelles dans plus d'une vingtaine de terroirs, plusieurs pressoirs et vendangeoirs, en particulier à Bucy-le-Long et à Soissons. On ignore comment Prémontré écoulait sa production de vin : s'agissait-il d'une consommation à usage interne, d'envois vers d'autres abbayes plus septentrionales ?

Les revenus réguliers de Prémontré provenaient surtout de l'exploitation des bois ; ces derniers, bien gérés, ont permis à l'abbaye d'éponger ses dettes et de bâtir une nouvelle abbaye, au début du XVIIIe siècle. Mais ils ont servi également au bois d'œuvre (charpentes, pilotis), à la marine, au pacage des bêtes, au chauffage des villes proches, à l'alimentation des manufactures voisines (verreries de Charles-Fontaine, de Folembray et de Saint-Gobain, faïencerie de Sinceny) : l'abbaye administrait 1000 ha, partagés en 25 pièces situées principalement sur Prémontré (200 ha), Coucy, Chauny, Laon, La Fère, Wassigny, Hannappes et Bonneuil. L'exploitation en était facilitée par la proximité des rivières de l'Oise, de l'Aisne et de la Somme, aménagées dès le XIIIe siècle en vue d'une meilleure navigabilité, et permettant de faire flotter les troncs, pour les acheminer jusqu'au port le plus proche, Soissons.

Moulins et étangs

L'eau, richesse non négligeable pour la culture, la pêche, la force motrice, était domestiquée grâce à une vingtaine de moulins, installés surtout sur les rivières d'Aisne et d'Oise. Ils indiquaient une activité intense, non industrielle mais céréalière, et ont été régulièrement entretenus par des experts en

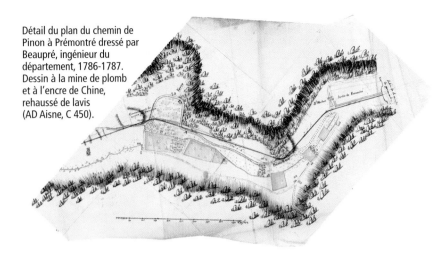

Détail du plan du chemin de Pinon à Prémontré dressé par Beaupré, ingénieur du département, 1786-1787. Dessin à la mine de plomb et à l'encre de Chine, rehaussé de lavis (AD Aisne, C 450).

hydraulique, laïcs ou religieux, du XIIᵉ siècle jusqu'au XIXᵉ siècle. Citons ceux de Renault, de la Mécanique à Prémontré, du Lieubuin à Brancourt, d'Achery, de Coucy-la-Ville, d'Archantré à Chevresis, du Ribaudon à Soupir, de Barthel à Lizy, etc.

Le plus souvent, ils étaient accompagnés de viviers ou d'étangs. Ces derniers, indispensables pour la pêche, étaient au nombre de sept sur le terroir de l'abbaye et s'avançaient quasiment jusqu'au grand canal. Le paysage s'est métamorphosé depuis leur assèchement pratiqué tout au long du

XIXᵉ siècle. Très tôt, les religieux avaient aménagé ces vallons marécageux avec étangs, viviers, digues, trop-pleins, chaussées et moulins placés sur les biefs. Ainsi, au pied de l'éperon de confluence délimité par le ru Rohart et la Vionne, s'égrenaient de part et d'autre des chapelets d'étangs. Le long de la Vionne, de l'amont vers l'aval, s'échelonnaient le marais de Salensy (où la Vionne prend sa source), le vivier des Dames (comblé), puis cinq étangs, de créa-

Étang du Grand Hubertpont.

Carrières à Coulons, au nord-ouest de
l'abbaye, derrière la porte Rohart.

tion médiévale, dont seuls les deux premiers
subsistent: le Petit Hubertpont, le Grand
Hubertpont, l'étang du moulin Renault,
l'Étang neuf et l'étang du Lieubuin. Deux
étangs plus petits et plus récents, appelés
l'Étang Marion et le Petit Salon, s'étendaient
du bout du jardin des religieux jusqu'à
l'étang du moulin Renault où se jetaient
leurs canaux. Le développement technique
passait par la mise à disposition auprès des
paysans de fours, mal connus jusqu'à présent: tout juste sait-on qu'il y en avait à
Caulaincourt, Chauny et Cys-la-Commune.

Les carrières et autres activités

L'abbaye, entièrement construite avec des
calcaires de l'ère du Lutétien, extraits principalement dans les carrières des environs,
s'approvisionnait: au nord, dans l'ancien lar-
ris de la porte Rohart, la carrière à Coulons

« Vue de deux habitations sous des carrières
dans la forêt de Prémontré du côté des étangs,
dessiné par L. V. Thiéry en 1820 dans sa
86ᵉ année ». Dessin à l'encre de Chine
rehaussé de lavis (coll. part.).

et le Trou Broussé; à l'est, dans les carrières
Rouges, les Mutotes et Liénard; au sud, dans
le bois des carrières du Ronceloy, au trou
Dindin; enfin, au sud-ouest au Trou du Bon.
Hormis cette exploitation, l'abbaye avait

À Prémontré, à la Révolution, on en comptait vingt et une, parmi lesquelles il y avait une école.

Les grosses et menues dîmes

L'abbaye levait les dîmes en grain ou en vin dans toutes les paroisses où elle avait des fermes. Elle en abandonnait une partie aux prieurs-curés des paroisses qu'ils desservaient en son nom, et en affermait quelques-unes. Ce produit pouvait représenter 30 % du revenu total.

Pour se faire une idée, on donnera quelques chiffres : en 1725, le revenu brut, charges non déduites, était de 43 700 livres, s'élevant à 90 000 livres en 1770 pour atteindre la somme de 120 000 livres en 1790. Il a donc triplé en soixante ans grâce à une administration plus rigoureuse, des bois en particulier, à une hausse des fermages et des rentes seigneuriales, mais aussi en raison de la montée inévitable des prix.

encore des carrières à Thury, sur les bords de l'Oise, qui ont fourni des grès pour la reconstruction de la forteresse de Chauny, au XIIIᵉ siècle.

Sinon l'abbaye avait peu ou pas d'activités proto-industrielles (pas de mine, pas de tuilerie, pas de forge) en raison du manque de matières premières. Le Hainaut fournissait le minerai nécessaire à la fabrication des machines et de l'outillage.

Une source de revenu supplémentaire, le sel, s'ajouta aux autres, lorsque la construction d'un grenier à sel fut autorisée en 1735 par le Conseil d'État à Saint-Quentin.

Les maisons, reçues ou achetées, se trouvaient dans une vingtaine de lieux (Crépy-en-Laonnois, Sinceny, Vailly, etc.), principalement dans les villes où elles pouvaient éventuellement servir de maisons de refuge comme à Saint-Quentin ou à Chauny.

Vestiges médiévaux du moulin de la Mécanique, non loin du Grand Hubertpont, 1983.

Liste des abbés de Prémontré

	Norbert	1120 – 1126	après archevêque de Magdebourg
1.	Hugues Ier de Fosses	1126 – 1161 résigna	
2.	Philippe de Reims	1161 – 1171	
3.	Jean Ier de Brienne	1171 déposé	avant et après abbé de Beaulieu
4.	Dodon	1171 – 1173 résigna	avant abbé de Valsecret
5.	Hugues II	1174 – 1189, résigna	avant abbé de Cuissy
6.	Obertur	1189 – 1193, résigna	avant et après abbé de Valsecret
7.	Gautier	1193 – 1195	avant et en même temps abbé de Riéval
8.	Pierre Ier de Saint-Médard	1195 – 1201, résigna	avant abbé de Saint-Just, après abbé de Cuissy
9.	Baudoin	1201 – 1203	avant abbé de Chartreuve
10.	Vermond	1203 – 1204 résigna	après abbé de Saint-Paul de Verdun
11.	Guillaume Ier de Saint-Omer	1204 – 1206 déposé	avant abbé de Cuissy et de Vermand
12.	Robert Ier	1206 – 1209	avant abbé d'Ardenne
13.	Gervais l'Anglais	1209 – 1220	avant abbé de Saint-Just et de Thenailles
14.	Conrad	1220 – 1232 déposé	avant prévôt à Weissenau, et abbé de Valsecret, après abbé de Cuissy
15.	Guillaume II l'Anglais	1232 – 1238 résigna	avant abbé de Dale
16.	Hugues III d'Hirson	1238 – 1240	
17.	Nicolas Hailgrin	1240 – 1241	avant abbé de Dommartin
18.	Conon	1242 – 1247	avant abbé de Fontaine-André Thenailles et Braine
19.	Jean II de Rocquigny	1247 – 1269	avant abbé de Clairfontaine
20.	Guerric	1269 – 1278	avant abbé d'Auxerre
21.	Égide de Flandre	1278 – 1281 résigna	avant abbé de Saint-Michel
22.	Guy	1281 – 1287	avant abbé de Corneux
23.	Robert II	1287 – 1288	avant abbé de Clairfontaine et de Cuissy
24.	Guillaume III de Louvignies	1288 – 1304 résigna	
25.	Adam Ier de Crécy	1304 – 1327	
26.	Adam II de Wassignies	1327 – 1331	avant abbé de Bucilly
27.	Jean III de Châtillon	1331 – 1339	
28.	Jean IV le Petit, de Saint-Quentin	1339 – 1352	avant abbé de Valsery
29.	Pierre II de Froidsaints	1352 – 1365	avant abbé de Joyenval
30.	Étienne	1368	mourut sans obtenir possession, avant abbé d'Auxerre et de Parc
32.	Jean V de Roigny	1368 – 1381	

33.	**Jean VI de Marle**	1381 – 1392 résigna	
34.	**Pierre III d'Hermi**	1392 – 1423	
35.	**Jean VII de Marle**	1423 – 1436	
36.	**Jean VIII de La Fère**	1436 – 1443	
37.	**Pierre IV de Rodières**	1443 – 1446 résigna	avant abbé de Doue et de Cuissy
38.	**Jean IX Aguet**	1446 – 1458	
39.	**Simon de Péronne**	1458 – 1471	
38.	**Hubert de Monthermé**	1471 – 1497	avant abbé de Lavaldieu
40.	**Jean X de l'Écluse**	1497 – 1512	avant abbé du Mont-Saint-Martin
41.	**Jean XI Evrard**	1513 résigna avant confirmation	après abbé de Cuissy
42.	**Jacques de Bachimont**	1513 – 1531	avant abbé de Cuissy
43.	**Virgile de Limoges**	1531 – 1533	avant abbé de l'Isle – Dieu
44.	**Michel Coupson**	1533 élu non confirmé	avant abbé de Joyenval et Braine
45.	**François Ier, cardinal de Pise**	1535 – 1562 résigna	abbé commendataire
	François Bottée	1566 élu non confirmé	
46.	**Hippolyte d'Este cardinal de Ferrare**	1562 – 1572 résigna	abbé commendataire
47.	**Jean XII Despruets**	1572 – 1595	
48.	**François II de Longpré**	1596 – 1613	avant et en même temps abbé de Valsecret
49.	**Pierre V Gosset**	1613 – 1635	
	Pierre Desbans	1635 élu non confirmé	après abbé de Cuissy et de Pont-à-Mousson
	Cardinal Richelieu	1636 – 1642	n'obtint jamais les bulles
	Simon Raguet	1643 – 1645 élu	élection cassée
50.	**Augustin Ier Lescellier**	1645 – 1666 résigna	(† Braine 1670)
51.	**Michel Colbert**	1667 – 1702	
	Philippe Celers	1702 résigna avant confirmation	abbé de Dommartin
52.	**Claude Honoré Lucas de Muin**	1702 – 1740	
53.	**Augustin II de Rocquevert**	1741	avant abbé de Clairfontaine de Villers-Cotterêts
54.	**Bruno Bécourt**	1741 – 1757	avant abbé de Dommartin
55.	**Pierre-Antoine Parchappe de Vinay**	1758 – 1769	avant abbé de Clairfontaine de Villers-Cotterêts
56.	**Guillaume II Manoury**	1769 – 1780	
57.	**Jean-Baptiste L'Écuy**	1780 – 1790	(† Paris 1834)

Effectifs à Prémontré au XVIIIe siècle

1702	80 votants	élection de Lucas de Muin
1719	94 dont 6 convers	
1725	90 dont 40 dans la maison, une partie aux études aux dépens de l'abbaye et le surplus occupé dans l'Ordre suivant les besoins	
1738	plus de 100 profès, le nombre de conventuels dépasse à peine la moitié ; 8 novices ; 5 ou 6 frères convers	
1741	69 capitulants + 21 absents = 90 religieux	élection de Rocquevert
1741	70 capitulants + 23 absents = 93 religieux	élection de Bécourt
1758	90 religieux	élection de Parchappe de Vinay
1767	43 religieux profès + 12 frères convers	
1768, mars	82 religieux profès (curés, prieurs ou officiers dans d'autres maisons) : 43 religieux dans la communauté ;	
1768	outre les 82 profès, il y a 6 novices dans la maison	
1769	60 capitulants + 23 absents = 83 religieux	élection de Manoury
1770	80 religieux et 4 novices ; 45 dans la maison, 5 dans les cures	
1780	56 capitulants + 27 absents = 83 religieux	élection de L'Écuy
1790	86 religieux	à la Révolution

À la Révolution, en 1791-1793, plusieurs anciens domestiques de l'abbaye (16 domestiques) demandèrent une pension : Couché comme ex-novice et gardien, Carpentier comme officier pendant 22 ans, la citoyenne Simon comme femme de chambre lingère pendant 20 ans, Guillaume Gibout comme tailleur, Charles Potentier dit l'Eveillé comme pâtre pendant 10 ans, Félix Cerriot comme infirmier pendant 15 ans, Jean Sandras comme bourrelier pendant plus de 23 ans, Antoine Villefroy comme portier pendant 45 ans, Joseph Corne comme chirurgien-apothicaire, Claude Hermant comme valet de chambre de l'abbé général, Jean Laplace comme domestique de basse-cour pendant 26 ans, Geneviève Moutier comme domestique servante pendant 18 ans, Louise Balois comme aide à la cuisine, Quentin Paringault comme employé pendant 25 ans, Louis Nicolas Hécart comme tonnelier à Prémontré et Saint-Martin de Laon pendant 21 ans, enfin Jean-Baptiste Marotte comme menuisier.

La Révolution

Le 13 février 1790, la Constituante ne reconnaissait plus les vœux solennels de religion. Moins d'un mois plus tard, L'Écuy envoyait au président du comité ecclésiastique de l'Assemblée un état des religieux de l'abbaye de Prémontré et une déclaration des biens et revenus. Un mémoire sur l'ordre de Prémontré les accompagnait, où l'on apprend que L'Écuy et sa communauté ne pouvaient se résigner à être voués à « la pire des situations, à celle de n'être bons à rien ». Il demandait qu'on préservât son établissement « qui était absolument nécessaire au pays où il est situé. De nombreux villages pauvres et sans ressources, accoutumés à y trouver du travail et des secours, l'environnent. Il y a un bon chirurgien et une apothicairerie suffisante, qui sont gratuitement au service des pauvres. Si ces sources de charité se tarissent, rien ne peut les remplacer dans un désert qui n'offre d'autres moyens de subsistance que l'existence et les consommations d'une grande maison, et cinquante familles qui vivent avec elle du travail qu'elle leur procure, seront obligées de devenir mendiantes […] Il serait dommage de laisser tomber en ruines un des plus beaux monuments qui existent en France en fait d'établissement religieux et dont le magnifique escalier était peut-être un morceau unique en Europe ».

Le document relatif à l'inventaire et à l'état des religieux, dressé conformément au décret du 20 mars 1790, a été perdu. Il est difficile de connaître le détail mais on peut évaluer à plus de 80 religieux l'effectif de l'abbaye, auquel il faut ajouter la domesticité d'une vingtaine de personnes, connue parce qu'elle demande une pension au département pour survivre. Soit une centaine de personnes.

Le 1er novembre 1790, l'abbé général était expulsé, suivi quelques jours plus tard par les religieux. L'Écuy se retira pour quelque temps dans le vendangeoir de Pénancourt qu'il acheta au moment où furent vendus les premiers biens de l'abbaye.

L'État se réserva la bibliothèque avec livres et boiseries et laissa sur place le chartrier qui fut fracturé et dilapidé. Furent encore distraits de la vente les plombs pour servir au ministère de la Guerre et la grille de fer fermant la cour d'entrée, qui fut vendue à la verrerie de Folembray.

La verrerie
1793-1843

Après deux ventes infructueuses, la première le 10 septembre 1793 à Jean-Charles Dominique menuisier à Anizy pour 519 000 livres, la seconde sur folle enchère le 16 novembre 1793 à Maurice Prudhomme sabotier à Brancourt pour 310 000 livres, l'abbaye de Prémontré dépérissait surtout depuis qu'on y avait fait, en juillet 1794, des changements pour la transformer en hôpital militaire et qu'on enlevait les plombs et les fers pour le service des armées.

Le 26 avril 1793, Vincent Cagnon, maître de la verrerie de La Pierre à Saint-Calais (Sarthe) depuis 14 ans, « victime de l'Ancien Régime » (*sic*) propos[ait] au procureur général syndic d'y établir, pour commencer, une verrerie dans le genre anglais (lanternes, gobelets, carafes, lampes, vases propres à la chimie et la physique), puis une papeterie, entreprises qui occuperont beaucoup de bras.

Le 14 mai 1794 (25 floréal an II), il soumissionnait pour établir une verrerie dans le genre anglais, destinée à approvisionner Paris, menacé de manquer bientôt de vases de physique et chimie par la cessation du travail de beaucoup de verreries situées dans les Ardennes, ou en Lorraine qui avaient été frappées par la guerre ; pour fabriquer du salpêtre épuré, à partir des carrières qui entourent Prémontré ; pour faire de la potasse au moins égale en qualité à celle de Dantzig, en employant les marcs de raisins jetés après les vendanges. Ces trois objets de fabrication n'exigeaient que beaucoup d'eau et quelques arpents de terre. Le 10 janvier 1795 (21 nivôse an III), il achetait Prémontré pour 223 497 livres, « à la

Page précédente : porte de la verrerie exécutée en 1819.

charge […] d'y établir dans l'espace d'une année et pour au moins dix ans une verrerie destinée principalement aux vases de physique et pareille à celle dont j'ai été le maître pendant quatorze années, une fabrique de potasse et une de salpêtre».

Un an plus tard, il expliquait qu'il avait fait les démolitions nécessaires pour faire de l'église une halle, que les fourneaux à potasse et salpêtre commencés marchaient, et que des livraisons avaient déjà été faites à La Fère. Mais son installation avait dépassé à ce jour 433 746 livres et elle devait encore lui coûter au moins 200 000 livres. Trois cents personnes tant hommes que femmes devaient y travailler. Le 27 août 1796 (10 fructidor an IV), Cagnon fut saisi car «il n'avait toujours pas formé les établissements d'utilité publique promis lors de la vente». À la demande du ministre des Finances auprès duquel intervint directement le maître verrier, les administrateurs du département levèrent le séquestre de la verrerie, après avoir constaté qu'elle commençait à être en activité depuis huit mois, que le four à verre blanc construit dans la ci-devant église, était chauffé au bois, entretenu et alimenté convenablement, que le magasin renfermait des objets fabriqués, que les ateliers de salpêtre et potasse étaient arrêtés mais allaient recommencer avec plus de vigueur, mais qu'il y avait peu d'approvisionnement en matières premières en raison de l'impossibilité à s'en procurer et du cours du papier monnaie.

Mais à quel prix ? Les peintures du réfectoire s'étaient volatilisées avec les murs de celui-ci, la grille et la clôture de la cour d'entrée avaient été enlevées, les fenêtres de la bibliothèque n'existaient plus, le grand escalier renommé était détruit, la rampe d'escalier près de la cuisine avait été arrachée, la «rampe en escargot» qui accédait aux archives avait été ôtée, beaucoup de ferrures, cheminées, pavés et parquets avaient disparu, la couverture d'une grande partie du logis du milieu avait été subtilisée. Dans l'église: les grilles qui fermaient l'entrée du chœur n'existaient plus, les boiseries des chapelles avaient été vendues à un garde forestier, le sanctuaire avait été démoli dès l'an IV, le clocher au-dessus du portail occidental était démonté; dans la nef, avaient été établis un four à verre blanc à six creusets et deux séchoirs à bois et dans le bas-côté nord, l'atelier pour la fabrication du salpêtre. On avait

enlevé jusqu'au cintre en fer du four de la cuisine ! La rampe à bar-
reaux droits de l'escalier de la procure avait également été retirée.
Seule subsistait celle de l'abbatiale, habitée par le maître verrier.
Les charpentes et menuiseries des remises et écuries qui entou-
raient la basse-cour, avaient été vendues. En l'an V déjà, tout était
en ruine. Le propriétaire accusé de déprédations, disait avoir disposé des bâtiments suivant ses besoins et en avoir tiré avantage
pour au moins 150 000 livres.

Cagnon, après avoir dépecé et aliéné en l'an IV le corps de bâtiment de la procure, le grand couvent et dépendances au dénommé
Louis Allan, à sa femme Marie Roze Athenoux et Louis Duhamel
tous insolvables, après avoir cessé les travaux et démoli une partie
des bâtiments, finit par être saisi et céda enfin Prémontré le
30 novembre 1800 (9 frimaire an IX), moyennant 35 550 F, à Pierre
Antoine Desmoulins, propriétaire demeurant à la Maison Bleue,
commune de Cuffies et Henry Nicolas Morenval, propriétaire et
marchand de meubles demeurant à Soissons. Les nouveaux acquéreurs étaient tenus de maintenir l'établissement d'une manufacture
de verre, une fabrique de salpêtre et de potasse et de payer la somme
aux créanciers hypothécaires inscrits. En réalité, ils « se proposaient
d'achever de démolir et vendre ce dont leur prédécesseur n'a pu
disposer » après l'expiration du délai d'obligation d'établir une
manufacture, les dix années expirant en l'an XIII (1803).

Mais en 1802, Augustin Deviolaine, à son retour de la campagne
d'Italie, se porta acquéreur de Prémontré pour 35 000 F auprès
de son neveu par alliance Desmoulins, qui connaissait quelques difficultés avec l'Administration. Sans aucune préparation ni connaissance du métier mais certainement avec l'aide de transfuges de
Saint-Gobain ou de verreries anglaises, il décida, avec le soutien du
préfet, de relancer la verrerie, en fabriquant du verre à vitre.

Les affaires marchaient bien puisque, très vite, il envisagea de
reconstruire l'usine. La première pierre fut posée le 24 octobre 1811
par Deviolaine, alors âgé de 40 ans, devenu maire de la commune.
Elle fut « construite avec des pierres provenant des bâtiments supprimés » sur les dessins de Saget, mécanicien à La Fère, exécutés par
Roussy, maçon, et Leroy, charpentier, demeurant tous deux à Barisis.
« Elle devait renfermer une machine destinée à préparer et écraser

La verrerie en 1838

Détails des bâtiments, halles, ateliers divers, logements, etc. de la verrerie

1.2.3. Portes d'entrée avec leur maison de concierge
4. Grand bâtiment à trois étages d'une longueur de 275 pieds servant d'habitation au propriétaire
5. Bâtiments de basse-cour
6. Glacière et promenade
7. Bâtiment parallèle à celui n°4 à trois étages servant de logement d'employés et ouvriers
8. Grand bâtiment entre ceux 4 et 7 à trois étages d'une longueur de 320 pieds ; au rez-de-chaussée sont les bureaux (à l'ouest), deux magasins de verre à vitre, équarri de glaces brutes, magasin d'emballage, machine à vapeur, ateliers de poli (à l'est), de menuisiers (au centre), logements au-dessus
9.10. Appentis pour magasin de caisses pleines de verre à vitre
11. Autre atelier de poli à bras au rez-de-chaussée et au-dessus
12. Four à plâtre
13. Grande halle pour la fabrication des glaces d'une longueur de 275 pieds
14.14.14.14. Quatre bâtiments contigus à la halle 13 et renfermant seize carcaises à réunir les glaces
15. Dix carcaises à sécher le bois
16. Magasin de sel
17. Murs et emplacement de l'ancienne église, entièrement détruite et découverte.

18. Quatre carcaises à sécher le bois
19. Ancienne halle servant d'étenderie et de magasins, renfermant deux fours de verre à vitre
20. Magasins des glaces doucies ; logements au-dessus
21. Ateliers, magasin au-dessus
22. Écuries
23. Magasin de craie, argile, grès
24. Four à briques et ateliers pour leur confection
25. Tordoir, granges, ateliers divers, magasin au-dessus
26. Forges, tonnellerie, et autres ateliers au rez-de-chaussée, poterie au-dessus
27. Halle de 160 pieds sur 56 renfermant deux fours de verre à vitre en activité
28. Four à chaux
Plus deux ateliers hydrauliques pour le poli des glaces, cinquante maisons d'habitation au dehors de l'usine
de 1838 à 1843, on a ajouté :
29. À la porte d'entrée n° 2 bâtiment neuf à deux étages dont le rez-de-chaussée sert d'écurie et le premier étage de logement pour les douciseurs, avec retour d'équerre également à deux étages dont le haut sert également de logement et le bas d'ateliers de douci à bras
30. À la porte n° 3 bâtiment neuf contenant trois habitations pour trois familles d'employés ou d'ouvriers
31. Halle neuve servant d'étenderie pour le

verre à vitre et contenant quatre fours à étendre, le tout en pierre de taille et couvert en ardoise

32. En regard appentis sur poteaux en chêne également couvert en ardoise destiné à recevoir la terre à creuset

33. Bâtiment neuf renfermant au rez-de-chaussée les fourneaux et les machines, et au premier étage, cabinet de visite et d'estimation des glaces, ateliers de raccommodage, magasin et emballage des glaces

34. Cheminée de 45 pieds de hauteur recevant les fumées de divers fourneaux et carcaises la halle n° 14 qui contenait antérieurement une étenderie a changé de destination, elle

renferme au premier étage douze bancs à polir mus par une machine à vapeur de la force de 25 chevaux munie de deux chaudières. Le rez-de-chaussée est destiné à recevoir les six bancs de douci, mis en mouvement par deux machines à vapeur de 8 chevaux que l'on monte en ce moment

Plusieurs changements notables [...] ont eu lieu dans les locaux consacrés à la fabrication des glaces, à l'agrandissement des magasins du brut, du douci et du poli, notamment dans les lieux n°s 8, 10, 13, 21, 22.

Plan de la verrerie dressé en 1843 (Arch. Saint-Gobain, A16).

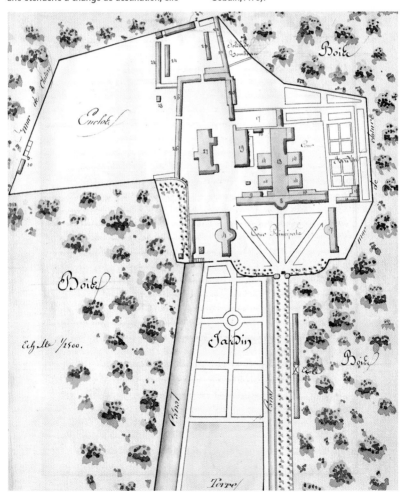

« Vue du moulin mécanique de Prémontré, dessiné par L. V. Thiéry en 1816 ». Dessin à l'encre de Chine rehaussé de lavis (coll. part.).

les matières employées à la verrerie pour la fabrication des bouteilles et verre à vitre… ». L'usine fonctionnait grâce à l'activité d'un four à six creusets pour la fabrication de bouteilles employées à contenir les vins mousseux de la Champagne et pour les besoins des environs.

Deviolaine, de 1802 à 1819, garda la halle où se fabriquaient les bouteilles, construite par son prédécesseur avec les débris de l'église, déblaya « les parties de bâtiments renversés par les précédents propriétaires et utilisa ce qui en est resté, à la construction de deux halles où on fabriquait le verre à vitre, l'une dans l'ancien local formant la bibliothèque de l'abbaye, élargie de 18 pieds, l'autre sur la ligne du chapitre à partir de derrière le bâtiment en face de la porte d'entrée de la verrerie jusqu'aux murs de l'emplacement où était l'église » ; de vastes hangars furent établis dans la cour dite Saint-Jean. Les accessoires comme « carcaises » à sécher les bois, les locaux pour étendre le verre à vitre, les magasins etc… furent installés par Deviolaine, qui ajouta dix habitations pour loger les ouvriers à l'extérieur de Prémontré, devant la poste alors en construction. Il fit construire un four à chaux et un à briques pour les besoins de la verrerie, avant de faire faire, au bas de la chaussée de l'étang du Grand Hubertpont, en 1811, un bocard mû par l'eau ou machine à broyer les matériaux.

En outre, pour remplacer la très belle grille d'entrée ôtée par Cagnon et transportée à la verrerie de Folembray, le propriétaire fit exécuter en 1819 une porte en pierre sur les dessins de Louis

Duroché (1747-1826), architecte à Soissons, confiée pour la maçonnerie à Bordet, pour la menuiserie à Carlique Cluet, et pour la serrurerie à Raguet, tous de Soissons.

Si la verrerie souffrit considérablement de pillages en 1814 et 1815, car de nombreux logements de Russes et Prussiens y avaient été installés, elle se rétablit bien vite et compta en 1822 jusqu'à trois fours en activité dont deux à huit creusets destinés au verre blanc soufflé en manchons et un à six creusets, cinq pour les bouteilles et un pour les cloches.

Augustin Deviolaine modernisait sans cesse l'usine : il éleva, en 1822, « une machine à vapeur pour écraser toutes les matières pour la verrerie, et avec un autre mouvement pour scier les planches » ; il s'occupa la même année de faire achever la halle qui devait contenir tous les ateliers de verre à vitre, « halle qui prend depuis les murs de l'ancienne église démolie jusqu'à la voûte du bâtiment du milieu, cette halle a 51 pieds de large et aura 270 pieds de long ».

L'usine produisait du verre à vitre, du verre de couleur, du verre bombé pour les pendules, des bouteilles pour le « tirage des vins mousseux de la Champagne », et même, depuis 1821, des cloches de jardin. Les débouchés du verre à vitre se trouvaient dans les départements de l'Aisne, l'Oise, la Marne, vers les villes de Paris, Orléans, Rouen, Tours, Bordeaux et Le Havre, cette dernière faisant des expéditions pour l'Amérique. Les réalisations les plus remarquables à créditer à son actif furent les vitres de la Banque de

« Vue des halles de Prémontré ou ateliers où se fabriquent les bouteilles et les verres à vitres, dessinées en 1819 par L. V. Thiéry à l'âge de 85 ans ». Dessin à l'encre de Chine rehaussé de lavis (coll. part.).

France (hôtel Penthièvre) à Paris, réparée en 1810-1811, dont toutes les croisées avaient été garnies de carreaux provenant de Prémontré, et celles du château de Versailles. Le prix des bouteilles pour la Champagne se négociait alors de 28 à 30 F le cent, bien choisies et sans défaut, et pour le pays à 22 F. La production était donc très diversifiée.

Cependant, deux difficultés pesaient sur la fabrication : la première était l'approvisionnement en soude, la seconde était la consommation et la cherté des bois. A. Deviolaine demanda donc en 1814 par l'entremise de son parent, le général Pille, l'autorisation d'installer une fabrique de soude artificielle dans la verrerie. Il attendait encore l'autorisation en 1816 et trouva alors un autre procédé : il obtenait de la soude en décomposant le sel marin avec de l'acide sulfurique et non pas avec des terres pyrito-alumineuses, comme il en avait d'abord le projet. Les sels de soude et sulfate de soude employés pour la fabrication du verre à vitre lui étaient livrés, en 1819, par Chaptal fils de Paris.

Quant à l'alimentation en bois, elle fut résolue, en 1819, par l'acquisition de 580 arpents de bois dépendant de l'abbaye et par les facilités concédées par son frère Jean-Michel, devenu intendant général des domaines de la famille d'Orléans, des bois en particulier autour de Villers-Cotterêts. Néanmoins, pour économiser le bois qui provenait essentiellement de la haute forêt de Coucy et de Prémontré, et « procurer des ressources à la ville de Soissons qui a tant de pertes à réparer », Deviolaine demanda en 1822, au ministre de l'Intérieur l'autorisation de transporter une partie de l'activité de Prémontré dans « les bâtiments d'une maison située à Soissons », afin d'établir une usine qui sera alimentée en houille ou charbon de terre. Mais le Génie militaire s'opposa à toute construction, « attendu que l'usine à créer n'était pas à plus de 250 toises de la place de Soissons ». Deviolaine, malgré tout, prit le risque d'établir la verrerie de Vauxrot à Cuffies, à proximité de la Maison Bleue de son oncle, en principe pour servir de succursale à celle de Prémontré.

Car l'usine avait un tel succès qu'A. Deviolaine envisageait d'y faire couler des glaces. Mais il passa la main à ses trois fils qui reprirent la fabrication des glaces en 1834 et construisirent : « un

four à plâtre, la grande cheminée, le bâtiment où se trouvaient des fourneaux et des machines à vapeur, l'étenderie avec cinq fours, le magasin pour terre à creusets, le magasin à glaces, le bâtiment attenant au terrain dit la Solitude, le bâtiment à droite de la grande porte conduisant à la route de Coucy et la serre vitrée». La verrerie employait, en 1830, 400 ouvriers, et 150 de plus en 1835, surtout grâce à la fabrication des glaces, le verre à vitre s'écoulant plus difficilement en raison du nombre croissant d'établissements qui se créaient. La distribution vers la Normandie et Paris aurait été plus facile si la navigabilité de l'Aisne, réclamée par tous, avait offert les améliorations promises depuis longtemps. L'administration de Saint-Gobain essaya par tous les moyens de s'opposer à cette reprise en rappelant aux Deviolaine qu'elle avait laissé à leur père, en 1819, les bois du domaine de Prémontré, si celui-ci s'engageait à ne jamais fabriquer de glaces. Mais la compagnie produisait du verre à vitre en lui faisant une concurrence déloyale. La reprise de la fabrication des glaces fut la réponse à Saint-Gobain.

Depuis sa création (1665) et tout au long du XVIIIe siècle, la Manufacture des glaces de Saint-Gobain bénéficiait de la protection royale, qui prohiba très vite l'importation des glaces de Venise. Des verreries, telle celle de Fère-en-Tardenois à la demande du duc d'Orléans (1758, renouvelée en 1775), furent cependant autorisées pour une durée limitée, le plus souvent vingt ans, «sous réserve de ne pas porter atteinte au privilège de la

« Cour de la porte Saint-Jean à Prémontré où est le four à brique et le chemin de la forêt qui conduit à Saint-Gobain et à La Fère, dessiné en 1820 par L. V. Thiéry, à l'âge de 86 ans ». Dessin à l'encre de Chine rehaussé de lavis (coll. part.).

Manufacture royale des glaces». Sous l'Ancien Régime, la concurrence française ne représenta donc jamais un réel danger. Mais sous la Révolution, avec l'effondrement du monopole légal et la perte du secret de fabrication, la concurrence française se réveilla. Pire encore avec la guerre et l'abandon de certaines usines en Lorraine et dans les Ardennes, le danger fut perçu comme venant de l'étranger, en particulier de l'Angleterre qui profita du dérèglement économique pour développer sa production de glaces. Prémontré ne fut véritablement jugée dangereuse pour Saint-Gobain que lorsqu'elle fut transformée en glacerie. Dès 1838, l'inquiétude grandit chez les administrateurs de Saint-Gobain qui faisaient espionner leur concurrente et proposaient même à MM. Deviolaine 800 000 F payables en huit ans «pour cesser de faire des glaces». Ces derniers obtinrent, pour la fabrication des bouteilles, des médailles aux expositions de 1823 et 1827 mais surtout, pour une glace coulée, une médaille d'argent à l'exposition de 1839. En 1840, grâce à son réseau de renseignements, le conseil de Saint-Gobain apprit que Prémontré fabriquait environ 5 400 m² de glaces brutes, 3 600 m² de glaces doucies et 2 900 m² de glaces polies, grâce à une machine à eau et une machine à feu. Avant le montage de la machine à vapeur, Prémontré livrait à peine 1 700 m² de glaces. Les Deviolaine avaient l'intention d'augmenter leur production et allèrent jusqu'à débaucher du personnel compétent travaillant à Saint-Gobain, tel le chef de forge Clovis Frigout, issu de la première génération arrivée à Saint-Gobain. En 1841, la valeur des glaces produites par Prémontré s'élevait à 350 000 F et dépassait celle du verre à vitre qui n'était plus que de 250 000 F.

La société anonyme de la Manufacture royale des glaces de Saint-Gobain, érigée en 1830, s'associa d'abord avec la compagnie de Saint-Quirin, racheta la glacerie de Commentry à la même date, pratiqua enfin une sévère guerre des tarifs, à laquelle résista bien Prémontré. Le fils Deviolaine, Paul, projeta même de s'entendre avec l'établissement d'Oignies. En 1841, les prix proposés par Prémontré restaient toujours 4 % moins chers que ceux de Saint-Gobain. Pour cette dernière, la seule solution qui s'imposait était le rachat de Prémontré. Saint-Gobain entreprit des négociations afin d'acheter l'usine : Deviolaine en demandait plus de trois millions

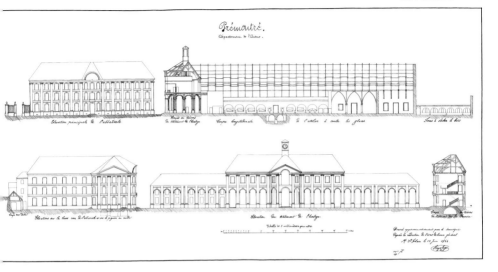

Prémontré.
Département de l'Aisne.

de francs, mais se résolut à vendre, les 4 et 5 octobre 1843, pour plus d'un million de francs, avec 150 000 F supplémentaires pour dédommager les ouvriers, non repris dans la verrerie de Vauxrot. Le domaine de Prémontré consistait en 90 ha de terres, prés et plantations, habitations et étangs, une force motrice de 45 chevaux-vapeur, des machines à doucir et à polir, des ateliers nouveaux, des habitations, un matériel proportionné à la fabrication. La famille Deviolaine expliqua ainsi les raisons de son retrait: «Nous avons été amenés, pour éviter la ruine de notre famille, à céder Prémontré à nos puissants voisins de Saint-Gobain, dont les menaces de guerre devenaient de plus en plus imminentes et contre lesquelles notre lutte devenait impossible». Les vendeurs garantissaient à la société de Saint-Gobain que «pendant soixante-quinze ans à partir de ce jour, leurs héritiers et représentants ne prendraient pas un intérêt direct ou indirect dans une manufacture de glaces (coulées ou soufflées) soit en France soit à l'étranger […]». Saint-Gobain racheta le site de Prémontré et l'engagement de la famille Deviolaine, sans aucune intention de continuer l'activité. La société rechercha très vite de nouveaux acquéreurs et proposa les bâtiments de Prémontré au prix de 600 000 F à Dom Stanislas, supérieur des Trappistes du Gard, à proximité d'Amiens. En vain. Prémontré resta à l'abandon durant douze ans, jusqu'en 1855.

Relevé de la verrerie de Prémontré dressé par Rigolage en juin 1844. Dessin à l'encre de Chine sur calque. (EPSMD Aisne). L'aile orientale des bâtiments conventuels a fait place à un atelier à couler les glaces. Il subsistait encore la salle du chapitre qui s'est écroulée en 1857. Les fours à sécher le bois sont installés dans l'église en ruine.

La tentative de restauration
de l'ordre de Prémontré.
L'orphelinat
(1855-1861)

Dans ce laps de temps, plusieurs autres essais de rétrocession restèrent infructueux. Le premier avait eu lieu dès 1843 : la Compagnie de Saint-Gobain, par l'intermédiaire du cardinal Sterckx de Malines, avait entrepris des démarches auprès des communautés prémontrées belges restaurées (Averbode et Grimbergen depuis 1834, Parc depuis 1836, Tongerlo depuis 1838, Postel depuis 1840) pour rendre l'abbaye à sa destination primitive. Sans succès, faute de recrutement et de moyens financiers. En 1847, le prix de vente de Prémontré établi à 250 000 F chuta à 150 000 F. Il fut question vers 1850 d'y établir le pénitencier militaire de Saint-Germain-en-Laye. H. Van Cléemputte, architecte du département depuis 1835 († 1858), réalisa alors des plans de transformation pour le ministère de l'Intérieur. Nouvel échec.

Billet de loterie.

Nouvelle tentative de vente en 1853. Peigné-Delacourt, créateur d'une filature dans les bâtiments cisterciens d'Ourscamp (Chiry-Ourscamp, Oise), projeta d'installer à Prémontré une œuvre de charité privée, montée avec l'assistance du gouvernement, une «fondation destinée à pourvoir à l'éducation professionnelle des pauvres jeunes filles […] ni maison d'éducation, ni workhouse». La reprise par le Bon Pasteur en 1854 ne se réalisa pas non plus.

L'évêque P.-A. Cardon de Garsignies (1847-† 1860), qui avait déjà sauvé d'une destruction irrémédiable l'abbaye Saint-Médard

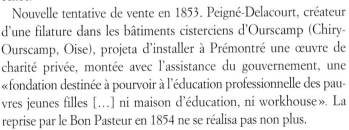

Page précédente : image pour l'Œuvre des orphelins, 1858 (Arch. dioc. Soissons).

MANDEMENT

DE MONSEIGNEUR

L'ÉVÊQUE DE SOISSONS ET LAON,

A L'OCCASION

DE L'ACQUISITION ET DE L'APPROPRIATION

DE L'ANCIENNE ABBAYE DE PRÉMONTRÉ,

A UN ORPHELINAT, DIRIGÉ PAR DES RELIGIEUSES.

PAUL-ARMAND-IGNACE-ANACLET DE GARSIGNIES, par la miséricorde
divine et la grâce du Saint Siége Apostolique, Evêque de Soissons et
Laon, Doyen et premier Suffragant de la Province de Reims;
Au Clergé et aux Fidèles de notre Diocèse, SALUT ET BÉNÉDICTION
EN NOTRE-SEIGNEUR JÉSUS-CHRIST.

Mandement de Mᵍʳ de Garsignies, 1855 (Arch. dioc. Soissons).

de Soissons, tenta d'organiser une loterie «dans le double but de
sauver d'une ruine prochaine un édifice qui se recommande à la
ronde, et d'y établir un orphelinat de jeunes filles». Le 22 juin
1855, il acheta à la manufacture de Saint-Gobain l'abbaye pour
150 000 F afin d'y installer un orphelinat général devant accueillir
3 000 enfants pauvres ou abandonnés, orphelins du nord de la
France. Le seul département de l'Aisne, qui comptait 1 600 orphelins ou délaissés, ne vota que sept bourses! Les départements voisins sollicités, les Ardennes, le Nord, la Seine, intéressés, n'en votè-
rent aucune… Les Filles de la Sagesse de saint Louis de Montfort à
Saint-Laurent-sur-Sèvre (Vendée) acceptèrent d'encadrer les
orphelines. Dans le même temps, l'évêque prit contact, dans le but
implicite de s'occuper des garçons, avec les Prémontrés belges,
supérieurs de Tongerlo et d'Averbode (RRPP Evermode Backx et
Frédéric Mahieux). Le 17 octobre 1855, l'orphelinat fut solennel-
lement ouvert et sa direction fut confiée à sœur Marie Bonne,

supérieure des Filles de la Sagesse. Le 5 novembre 1855, F. Lecomte fut nommé chapelain de l'orphelinat.

Jean-Baptiste Boulbon (Bordeaux 1817-Frigolet 1883), trappiste à Notre-Dame du Gard depuis 1836, visita probablement Prémontré avec son abbé dom Stanislas, qui cherchait un lieu calme et solitaire et racheta, en 1845, Septfons dans l'Allier. Le père, devenu frère Edmond, ne rejoignit pas la nouvelle trappe : il se fit prédicateur itinérant en France et en Belgique, aida en 1853 l'abbé de Bricquebec à reconstruire son abbaye brûlée en 1839, et enfin projeta, à défaut de restaurer Cîteaux, transformé en colonie pénitentiaire, de rétablir l'autre grand chef d'ordre, Prémontré. Il arriva donc à Prémontré le 28 février 1856 et se vit confier les vingt-cinq orphelins hébergés. Le 6 juin

Portrait du RP Edmond Boulbon, alors abbé de Frigolet (Abbaye de Frigolet, Bouches-du-Rhône).

1856, le jour de la Saint-Norbert, il prit l'habit blanc des Prémontrés – première prise d'habit en France depuis la Révolution –, et fonda en accord avec l'évêque seulement la nouvelle congrégation des Prémontrés de la primitive observance, dont il était le seul et unique membre, et qui sera autorisée par le pape Pie IX en décembre. Mais fin août 1856 arrivèrent, au nombre de cinq, les religieux prémontrés belges, de la commune observance, dont l'un d'entre eux Grégoire van Monfort fut nommé supérieur de Prémontré. Sans attendre, Boulbon quitta Prémontré le 1er septembre. Après bien des contacts, il finit par réussir son entreprise à Frigolet (diocèse d'Aix-en-Provence) où il s'installa en 1858. Il ne renonça à acheter Prémontré qu'en 1860, impuissant à en éloigner l'orphelinat.

La loterie pour racheter Prémontré n'étant pas à la hauteur du succès escompté, l'évêque proposa au ministre de l'Intérieur la colonisation d'une partie de l'abbaye pour des jeunes détenus de l'Aisne. Il essuya un refus : les jeunes furent envoyés dans le Nord. Il se rendit alors en Belgique pour offrir à l'abbaye de Tongerlo le rachat de Prémontré mais semblable offre lui avait déjà été faite en France, gratuitement semble-t-il : il s'agissait de l'abbaye de Mondaye dans le Calvados.

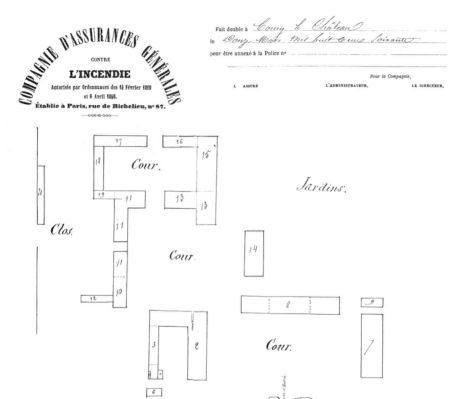

Plan dressé le 12 mars 1860 par la Compagnie d'assurances générales contre l'incendie

1. Habitation du concierge
2. Services des demoiselles, habitation des sœurs, habitation de Mgr au rez-de-chaussée
3. Hangars et petits bâtiments à divers usages
4. Colombier
5. Poulailler et porcherie
6. Maison d'habitation
7. Habitation du directeur et des frères professeurs
8. Pension des garçons, bureaux et menuiseries Chapelle
9. Bûcher
10. Dortoirs
11. Bâtiment non occupé
12. *Idem*
13. Grange
14. Bâtiment non occupé
15. Grange
16. Écuries à vaches et à chevaux
17. et 18. Hangars
19. Bûcher
20. Habitation

En 1857, les enfants étaient quarante-sept et les demandes d'entrée se multipliaient à l'orphelinat dont s'occupaient cinq prémontrés, quatre sœurs et quatre domestiques. En raison de dissension avec les sœurs et de leur vocation contrariée, les Prémontrés prirent la décision de dissoudre leur communauté en décembre 1857 mais continuèrent à assurer la desserte de paroisses aux alentours.

Cependant, l'évêque poursuivait son projet tout en peinant à rembourser Saint-Gobain. Il créa l'Œuvre des orphelins en février 1858, qui connut un assez grand succès dans les villes. Quatre-vingts enfants étaient accueillis mais les dépenses étaient dix fois supérieures aux recettes. L'orphelinat en 1859 comprenait quatre-vingt-seize orphelins pour sept religieuses, un prêtre directeur général, un maître laïque surveillant les garçons. L'évêque de Soissons mourut subitement le 6 décembre 1860, laissant l'évêché criblé de dettes. Son successeur, Mgr Christophe (1860-† 1863) dut renvoyer les orphelins l'année suivante et revendit Prémontré au département de l'Aisne pour 135 000 F et pour un tout autre usage, celui d'asile d'aliénés.

La cour de l'ancienne abbaye de Prémontré, en mai 1855, dessinée par Faquies (Arch. dioc. Soissons).

L'asile d'aliénés

Les établissements hospitaliers pour personnes atteintes de troubles mentaux ont une longue histoire. Sous l'Ancien Régime, les hôpitaux généraux établis par l'édit d'avril 1656, destinés aux mendiants valides et invalides, accueillaient également fous et folles dans des lieux réservés. Hormis quelques maisons religieuses spécialisées gérées par l'ordre des hospitaliers – à l'exemple de celle de Charenton ou de celle de Château-Thierry – et quelques maisons de santé privées, il n'y avait guère plus de six établissements publics soignant les fous en France, vers 1780. Ces établissements traversèrent mal la Révolution, et n'étaient encore que huit « spéciaux » en 1818, dont Lille et Armentières pour le Nord de la France. Les aliénés étaient aussi reçus dans une trentaine d'hospices, une douzaine de dépôts de mendicité (dont l'ancienne abbaye cistercienne de Montreuil-sous-Laon depuis 1809), et six prisons ou « maisons de correction ».

À l'instigation de l'aliéniste Étienne Esquirol (1772-1840), l'adoption de la loi du 30 juin 1838 fit obligation à chaque département de s'occuper de ses aliénés sans ressources, soit en construisant un asile, soit en se rapprochant d'un établissement privé ou en traitant avec un autre département.

Le nom d'asile (*asylum*, du grec *asilon* : refuge) fut alors jugé moins péjoratif que celui d'hôpital, qui rappelait trop le « grand renfermement ». Usure des mots, évolution des mentalités, progrès de la médecine ?

L'asile d'aliénés changea plusieurs fois de nom : en 1937, il s'appelle hôpital psychiatrique, pour devenir en 1972 centre hospitalier spécialisé (répondant aux besoins relatifs à certaines disciplines et

Page précédente : perspective du nord au sud depuis l'horloge du pavillon central sur la grande allée.

affections particulières), avant d'être baptisé établissement public de santé mentale départemental en 1991, cette loi remplaçant la vieille loi de 1838. De même les fous deviennent des aliénés, des aliénés indigents, des malades, des patients hospitalisés, voire des convalescents, le terme de pensionnaires étant réservé aux malades payants.

La construction de l'asile

Ni parmi les premiers, ni parmi les derniers, le département de l'Aisne décida de créer son asile d'aliénés et racheta pour ce faire, en 1862, l'abbaye de Prémontré, qui venait d'être classée parmi les Monuments historiques. En réalité, les choses ne furent pas aussi simples. Dans l'esprit des conseillers généraux, il s'agissait d'acquérir Prémontré pour recueillir les enfants abandonnés âgés de plus de douze ans, en créant une extension au dépôt de mendicité de Montreuil-sous-Laon. Les plans et devis d'appropriation furent confiés à l'architecte Jules Touchard et à l'entrepreneur Nicolas Hermant, sur un programme dressé par Bertault, directeur de Montreuil, programme qui fut amendé par une commission et l'inspecteur général des asiles d'aliénés, Augustin Constans. Ce dernier visita les deux sites et pensa immédiatement que l'abbaye de Prémontré ne présentait aucun obstacle à la réalisation d'un asile : les conditions topographiques étaient excellentes pour le traitement de l'aliénation mentale. Mais l'architecte dut se livrer à un double exercice : dresser les plans et devis pour l'extension d'un dépôt de mendicité à Prémontré et d'un asile à Montreuil et inversement, pour la fondation d'un asile à Prémontré en laissant Montreuil à son affectation. Dans cette dernière combinaison, Prémontré pouvait recevoir tous les aliénés du département dont la population s'élevait à 412 pour le régime commun. En outre, les deux bâtiments appelés abbatiale et procure pouvaient, moyennant quelques travaux d'appropriation, admettre jusqu'à cent pensionnaires. Un premier constat s'imposait : il était impossible de mettre ensemble l'orphelinat et l'asile d'aliénés. Les projets de Touchard pour établir un asile à Prémontré s'élevaient à 600 000 F pour le gros œuvre, auquel il fallait ajouter 100 000 F de mobilier. Les conseillers généraux étaient partagés : les aliénés hébergés à Clermont dans l'Oise coûtaient 50 000 F, le service des aliénés à Prémontré coûterait au moins 100 000 F, alors que le département du Nord comptait déjà deux asiles, le Pas-de-Calais de même, et que la Marne venait d'en construire un, si la Somme et les Ardennes n'en avaient pas encore. Le conseil général émit finalement un vote favorable, se félicitant du double mérite de l'asile à Prémontré, puisqu'il permettait de conserver un monument religieux insigne, et que ce monument retrouvait sa destination originelle en semant le bien autour de lui. La construction pouvait enfin commencer. En 1863, sur le rapport de l'architecte Charles Questel, inspecteur général, le conseil des Bâtiments civils se prononça favorablement sur les plans et devis dressés par l'architecte pour l'asile d'aliénés à Prémontré. Quelques modifications furent toutefois demandées par le rapporteur et Constans. L'incendie du quartier des aliénés de Montreuil, allumé par un malade le 23 novembre 1863, et dans lequel moururent six femmes, mit fin aux hésitations. Les aliénés de Laon furent évacués sur Lommelet (Nord) car Clermont débordait de malades. Les plans, après remaniements, furent approuvés par le ministre de l'Intérieur. Le conseil général vota un emprunt de 700 000 F auprès de la Caisse des dépôts et consignations, remboursable sur douze ans à compter de 1864. «La création de l'asile d'aliénés à Prémontré est une œuvre humanitaire au premier chef, une œuvre utile et morale qui sera exécutée selon la décision solennelle du conseil général».

Après déblaiement des bâtiments de la verrerie et des ruines de l'abbaye, les travaux furent enfin adjugés en 1864, mais devaient être terminés à la fin de 1866, afin que l'asile puisse ouvrir ses portes le 1er janvier 1867. Au début de l'année 1865, sur huit pavillons destinés au régime commun, trois étaient entièrement couverts, les cinq autres étaient assez avancés. En août, six pavillons étaient élevés et les deux derniers presque achevés ; la galerie circulaire, panoptique, destinée aux loges et aux cellules, devait être terminée avant l'hiver. Bien ou mal à propos, la loi du 18 juillet 1866, renouvelant celle du 20 juin 1838, donnait désormais aux conseils généraux l'administration financière et la gestion des asiles, le Gouvernement ne conservant que le droit d'examen des comptes et la nomination du directeur. En 1866, des travaux non prévus s'ajoutèrent à ceux déjà bien entamés :

la réhabilitation du quartier dit de Saint-Norbert (ancien bâtiment Saint-Jean), qui devait être affecté au dispensaire des convalescents, la restauration d'un édifice voûté (ancien quartier de Hongrie) pour servir de salle d'autopsie et de salle des morts. L'asile départemental s'ouvrait avec l'année 1867.

Le nouveau projet s'adaptait aux lieux, s'inscrivait à l'intérieur du mur de clôture, conservait la grande cour d'honneur, ainsi que les bâtiments de circarie et la ferme, mais se voulait aussi moderne. Les plans réalisés par l'architecte départemental Jules Touchard furent dressés sur les conseils de l'inspecteur général A. Constans. Ce plan en grille, qui contrariait fortement la trame de l'abbaye, devait toutefois en tenir compte en raison des fondations. Le premier directeur-médecin, Jules Dagron, en donne une bonne description (encadré p. 102-104).

On prévoyait de recevoir 700 malades mais les premiers budgets n'en comptaient que 450, car lors de la mise en service de l'asile, les travaux n'étaient pas achevés, et l'ameublement restait problématique, entre le mobilier existant dans l'établissement et celui provenant de l'orphelinat revendiqué par le diocèse, données qui affectèrent la bonne marche de l'hôpital pendant plus d'une génération.

Le 11 février, 61 aliénés travailleurs arrivaient de Clermont pour commencer les travaux de culture, de jardinage et ceux liés à la basse-cour. Le règlement du service intérieur, alors que l'asile comptait déjà 252 aliénés, fut approuvé le 1er avril par le ministre de l'Intérieur. Le 10 avril, une visite générale des travaux toujours inachevés fut conduite, plans étalés, par l'architecte, avec l'entrepreneur Jouin et l'ingénieur du département, de Hautplessis. La restauration des bâtiments de la cour d'honneur n'avait pas encore commencé. Pour la réfection du clocheton du bâtiment central, deux modèles furent proposés : le premier à colonnettes et à jour fut accepté.

Un traité fut passé, le 12 juillet 1867, pour recevoir les malades du département des Ardennes ; il fut question d'accueillir des malades de la Seine, de la Seine-et-Marne et même de l'Ariège. Le prix de la journée fut fixé à 1,15 F pour les quatre premières années et devenait dégressif à 1,10 F pour les années suivantes.

En août 1867, on dénombrait 297 personnes dont 253 aliénés, 16 religieuses, 10 employés, 14 servantes et 4 ouvriers. À cette même

Carte des asiles d'aliénés en 1867

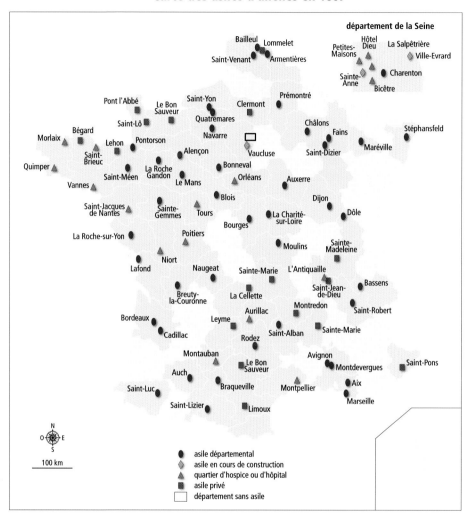

date se posa la question des aliénés protestants : «pour l'instant, ils sont envoyés à Prémontré dans un asile catholique où ils ne trouvent aucun fonctionnaire, aucun pasteur de leur religion. Faut-il les transférer à Quatremares, près de Rouen ? Ou faut-il attendre la fin de la construction de l'asile protestant de Lemé ? » se demandait-on (tout en sachant qu'il s'agissait d'un véritable orphelinat et non d'un asile).

Description de l'asile en 1867

Porte Saint-Jean. État avant 1914.

« Lorsque la porte vous en a été ouverte, vous entrez tout d'abord dans une vaste cour où vous apercevez trois immenses corps de bâtiments, l'un en face, les autres à droite et à gauche. Au point de vue architectural, ces bâtiments du siècle dernier, rebâtis vers 1746, ont le caractère de leur époque. Si vous vous dirigez entre le pavillon du milieu et celui de gauche, vous rencontrez une seconde cour tout aussi grande que la première qui conserve quelques restes de constructions datant du fondateur. Sur votre droite proprement dit, l'aile qui a remplacé les débris de la salle du chapitre et de la maladrerie dont quelques restes ont été disposés pour le logement de l'aumônier et des internes. En face, les anciennes écuries au-dessus de la porte où sont encore sculptées les armes du général de l'Ordre ; à gauche et fermé par les écuries, un corps de logis qu'habitait saint Norbert. Des constructions non moins importantes existent encore en arrière de ces écuries.

Des trois bâtiments de la cour d'entrée, celui du milieu a été utilisé pour les logements du directeur-médecin et du receveur, la chapelle et logement des sœurs entre deux. On y a installé en outre la salle de la commission, les bureaux de la direction, le parloir et le vestibule d'entrée du quartier des hommes ; à droite les bureaux et les magasins de l'économe, la pharmacie, la lingerie, le vestiaire, le parloir, l'infirmerie et le vestibule d'entrée du quartier des femmes. Les deux autres d'un aspect magnifique, autrefois l'abbatiale et la procure de l'abbaye, seront utilisés pour le logement des pensionnaires. Celui de gauche contiendra soixante hommes et celui de droite quarante femmes. Ils comprendront tous les deux, au rez-de-chaussée, des salons, salles à manger, salles de concert ou de billard, et aux étages supérieurs, des appartements à une ou plusieurs pièces, desservis par de magnifiques escaliers dont l'un même est monumental. Deux préaux, l'un en arrière pour les agités, l'autre en avant pour les paisibles leur seront annexés. Ce dernier ne sera séparé que par un saut-de-loup de la cour d'entrée dont il sera cependant isolé par des grillages garnis de plantes grimpantes pour empêcher tout rapport avec les étrangers que leurs affaires appelleront à l'asile.

Quant aux écuries et aux bâtiments dits de saint Norbert, on y établit au rez-de-chaussée une buanderie et ses accessoires, une boulangerie, une salle des morts, une salle d'autopsie, des ateliers de menuiserie, de serrurerie etc.

Une chapelle spéciale pour les inhumations sera édifiée à l'emplacement même qu'occupait, dit-on, celle de saint Norbert. Cette chapelle servira en outre d'église paroissiale en attendant que les ressources de la commune lui permettent d'en

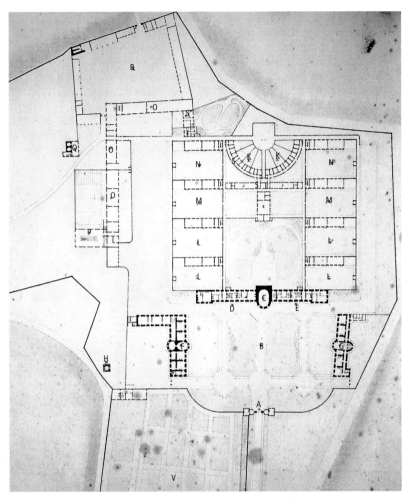

Détail du plan de l'asile d'aliénés de Prémontré par J. Touchard, dressé par Marquiset vers 1875 (AN, F^{15} 55).

A Entrée principale
B Cour d'honneur
C Chapelle
D Directeur et Administration
E Receveur, économe. Pharmacie
F Pensionnat des hommes
G Pensionnat des femmes
H Glacière
I Cuisine
J Bains généraux

K Quartier des cellules
L Quartier des travailleurs
M Quartier des épileptiques
N Quartier des agités
O Quartier des travailleurs agricoles
P Buanderie
Q Boulangerie
R Ferme
S Aumônier
T Interne
U Porte Rohart et boucherie
V Jardin potager
X Logements d'employés
Z Réservoirs

construire une autre. Le premier étage, sur un développement de plus de 50 fenêtres de façade, sera transformé en dortoirs pour travailleurs des deux sexes. Cette partie et quelques bâtiments situés en arrière et affectés aujourd'hui à l'usage de ferme, constitueront une colonie de travailleurs qui pourra contenir plus de 300 malades et réaliseront une innovation que nous croyons heureuse, la réunion sous la même clef de deux asiles en quelque sorte, l'asile de traitement proprement dit et l'asile agricole. Quant à l'asile proprement dit, situé en arrière du bâtiment d'administration, il comprend deux sections séparées l'une de l'autre par les vastes jardins de la direction, la cuisine générale et les salles de bains. Chacune de ces sections a son entrée distincte et se compose de quatre pavillons, de cellules et d'une infirmerie.

Les pavillons ont au rez-de-chaussée un réfectoire, une salle de réunion et un cabinet de toilette ; au premier étage, un dortoir et trois chambres à coucher. Le dortoir, parqueté et ciré, contient 35 lits. Des trois chambres, l'une sert de logement aux infirmiers qui depuis une large baie ouverte dans le mur, peuvent apercevoir leurs malades ; les deux autres sont destinées à servir de chambres d'isolement. Un préau, garni de tilleuls, pourvu d'une fontaine et d'une galerie ouverte, est annexé à chaque section ; ce préau a pour clôture un double saut de loup sur la partie interne duquel est établi à cheval le cabinet d'aisances dont le service se fait en dehors.

Pour le quartier des agités, les cellules au nombre de huit pour chaque sexe, ont une forme rayonnante avec préaux et salles de bains pour deux. Elles ont deux sorties opposées en cas de résistance de l'aliéné, l'une donnant sur le préau, l'autre sur le couloir de service ; cette dernière est munie d'un opercule qui, comme dans les prisons cellulaires, permet aux gardiens d'examiner les malades sans qu'ils s'en doutent. Elles sont éclairées par une ouverture ménagée dans le plafond, qui peut être oblitérée par une trappe mobile jouant du dehors, dans le cas où l'on aurait besoin de jeter momentanément le malade dans l'obscurité la plus complète. Elles seront chauffées par un calorifère établi dans le couloir de service qui, pour les mauvais jours, servira de promenoir. Les parois de quelques-unes devront être revêtues de lambris de bois peint pour restreindre la sonorité et rendre moins coûteuse la tenue des malades qui pourraient être fréquemment salis ou dégradés. Les infirmeries, situées dans le bâtiment central, à proximité du médecin en chef et des sœurs, contiendront vingt lits dans une salle commune, une tisanerie et une chambre d'isolement pour les maladies contagieuses.

La cuisine et les salles de bains sont situées au centre. Une laverie, un épluchoir, deux salles à manger pour les employés et quelques magasins ont été annexés à la cuisine ; une salle de bains sulfureuse, une salle d'hydrothérapie et une chambre de repos complètent le "système balnéatoire". Tous ces services sont reliés entre eux par des galeries transversales qui règnent à l'intérieur et en reçoivent les sorties : un chemin de ronde pour les nettoyages existe autour des bâtiments.

L'eau fournie par des sources abondantes provenant de la montagne est répartie par une canalisation souterraine dans les services où elle peut arriver jaillissante, les réservoirs réalisés par les Prémontrés ayant été aménagés à plusieurs mètres au-dessus du sol, aujourd'hui occupé par un asile.

Un jardin potager et de nombreuses pièces de terre seront mis en culture par les malades. Quatre étangs, une scierie de bois et un moulin faisant du blé farine composent le domaine dont la superficie totale est de 25 ha ».

PRÉMONTRÉ — Pavillon central — Cour d'honneur

Corps central affecté à la direction, à l'administration, à la chapelle et au logement des religieuses.

Le 1er octobre 1867, les services généraux furent installés en même temps que la colonie agricole dans le quartier Saint-Norbert.

En décembre 1867, on comptait 374 malades dont 260 pour l'Aisne, 102 pour les autres départements et 12 pour le compte des familles.

Dès janvier 1868, le médecin chef Jules Dagron fut appelé à la tête d'un des hospices les plus importants de la Seine, Ville-Évrard. Il fut remplacé par Isaac Viret, homme imposant toujours cravaté de blanc et ne portant que des redingotes pour se différencier du personnel. La folie, disait-il, est une exagération du moi. Avec lui commença la période d'organisation de l'asile. Il dut faire face à de multiples problèmes : les dortoirs n'étaient pas achevés dans le quartier Saint-Jean, les calorifères avaient été oubliés dans les nouveaux bâtiments, la pharmacie n'était toujours pas installée et l'infirmerie était à compléter, les chevaux au nombre de trois étaient insuffisants pour exploiter le domaine… Et les malades continuaient d'affluer : 419 en avril 1868 dont 214 hommes et 205 femmes.

Le 23 mai 1868, Constans visita les lieux et déclara que certaines mesures complémentaires s'imposaient : l'appropriation complémentaire définitive du quartier Saint-Norbert, la restauration des deux bâtiments latéraux et l'installation dans chacun d'eux de douze logements pour des pensionnaires des deux sexes, le complément du mobilier de l'infirmerie et de la pharmacie, et davantage de

Logis abbatial affecté au pensionnat des hommes.

couvertures, l'approvisionnement de la forge et des ateliers pour travailler, des animaux pour faire vivre la ferme.

Les travaux sur la procure commencèrent en 1872, ceux sur l'abbatiale en 1873. L'achèvement des pensionnats, chauffés par des calorifères individuels, se fit en 1875. L'installation préconisée de bains avec hydrothérapie commencée en 1874 fut achevée en 1876, en même temps qu'une pompe à vapeur avec conduits de refoulement.

Les inspections parisiennes se succédaient tous les deux ans : en 1875, 1877, 1879, 1881 et déploraient que l'asile ait été mis en service et abandonné à lui-même avant d'être complètement terminé.

En 1875, l'inspecteur Lunier constatait l'encombrement des quartiers de traitement : le nombre de places réglementaire pour les femmes était de 313, et il y en avait 360 ; pour les hommes 269 et il y en avait 304, sans compter que le personnel de surveillance était plus qu'insuffisant. Il fallait trouver des solutions d'extension.

Malgré tout, l'asile passait pour un modèle : en 1878, année de l'exposition universelle, le ministre de l'Intérieur demanda au directeur de faire exécuter des vues photographiques de Prémontré : le photographe Dollé de Laon envoya un album en décembre 1878.

C'est la même année que la ferme brûla sur 150 m de longueur : elle fut reconstruite l'année suivante sur les plans de Jean-Ernest-Paul Marquiset (1845-1921), architecte départemental. La réception des travaux mit en lumière de nombreuses malfaçons qui conduisirent à résilier la deuxième adjudication. Les ouvriers de

l'asile terminèrent le chantier en 1880 par le bâtiment
Saint-Jean : les ateliers furent réinstallés, les dortoirs
réoccupés, le quartier des enfants et leurs dortoirs furent
logés au-dessus de la chapelle, l'étable et la porcherie
avaient leur gros œuvre achevé.

En 1879, année où fut évalué le coût de l'asile qui s'élevait à près d'un million de francs, l'inspecteur Constans
continuait de réclamer des travaux considérables d'amélioration.

Dix-huit ans après le début des travaux, en 1881, l'inspecteur A. Foville demandait déjà la restauration complète des huit bâtiments des quartiers de régime commun,
échelonnés derrière le bâtiment d'administration, trop
serrés. Ces bâtiments construits en pierre de démolition, avec une
pierre tendre, étaient constamment humides et devaient avoir leurs
solins repris, leurs carrelages et leurs peintures intérieures entièrement refaits. Quant au double quartier des agités, derrière la cuisine
et les bains, composé d'une série de cellules disposées en éventail
avec galerie demi-circulaire extérieure et petits préaux intérieurs,
sans pièce de réunion, il était considéré comme dangereux, obscur,
humide et quasiment sans chauffage. L'usage de la camisole et des
fauteuils de force y était très fréquent. La reconstruction complète
en fut demandée de toute urgence. Un nouveau plan fut dressé par
Marquiset. L'espace était limité car on touchait presque au mur

Grange Saint-Jean
affectée aux travailleurs
agricoles.

14 — PRÉMONTRÉ (Aisne) - Section

Section neuve, dite aussi
5e section, construite en
1899-1900 au nord de
l'établissement.

Rue du village menant
aux étangs.

d'enceinte. Chaque quartier devait se composer de douze cellules d'isolement, d'une galerie de surveillance arrière, d'un vaste chauffoir promenoir sur le devant et de deux préaux qui devaient s'étendre jusqu'aux bains.

L'asile vivait en autarcie et fit construire ou aménager peu à peu tout ce dont il avait besoin : en 1868, un cimetière dans le clos Prieur, une pharmacie, une boulangerie et une ferme dans laquelle les animaux – en particulier, les vaches et les chevaux – avaient une grande importance, en 1869, une boucherie (déplacée en 1877), en 1877, un réfectoire pour les employés, des ateliers de menuiserie, de serrurerie, une laiterie, une machine à vapeur et une meunerie, un pressoir, un poulailler et un pigeonnier, en 1888, une nouvelle buanderie et un séchoir.

Les travaux n'arrêtaient pas et nécessitaient des matériaux de toutes sortes. L'asile louait des carrières à l'État dès 1878 (la carrière Juspienne près de la porte Rohart), établit un chemin de fer de la carrière à l'asile en 1882, employa jusqu'à cinq carriers en 1884, qui n'étaient pas épargnés par les accidents, et prit même une nouvelle concession en 1891 pour la carrière «Terre du Roi de Rome».

L'établissement fit en sorte qu'un bureau de poste fût installé à proximité, qu'un hôtel de voyageurs pût accueillir les parents des malades (1878), qu'il y eût un service de transport entre la gare d'Anizy et l'asile, devenu plus tard un omnibus à cheval.

La ferme reconstruite
après son incendie en
1878.

Le domaine était si vaste et les constructions si nombreuses qu'on projetait, en 1886, de réaliser un nouveau quartier à la ferme pour loger 80 ouvriers.

Au fur et à mesure des besoins et des possibilités financières, on édifia dans l'angle ouest de l'enceinte de l'asile, sans plan d'ensemble, une série de petits bâtiments qui laissèrent très peu de place disponible.

L'approvisionnement en eau était considérable tant sur le plan de la consommation que sur le plan de l'entretien : les étangs furent donc gardés et régis au profit de l'asile, à l'exception de ceux que l'on draina et assécha, pour des raisons d'insalubrité, de malaria et de brouillard permanent : ainsi pour la vallée de l'Étang neuf et celle du Lieubain, qui furent canalisées en 1880. Un château d'eau fut construit sur le Mont d'Or en 1887. L'installation d'un bélier hydraulique au Grand Huberpont par la société Bollée du Mans, en 1893, avec adduction de l'eau sur plus de 1 500 m, permit un débit providentiel de 1 500 hl/24 h.

Mais qui dit adduction d'eau propre dit rejet d'eau usée : les égouts du jardin qui étaient à jour furent enfin couverts en 1877, et après avoir visité les égouts sous l'hôtel de ville de Paris, en 1887, le conseil d'administration décida surtout d'installer le tout-à-l'égout.

Les aliénés

Les méthodes curatives

Les saignées, par incision ou par application de sangsues, les purges à base d'ellébore qui servait à évacuer les humeurs accumulées dans les viscères, l'opium, les bains et douches, chauds ou tièdes à effet sédatif, froids à effet tonique, ou glacés comme moyen disciplinaire, et les bains de pieds, constituent l'essentiel du traitement médical de la folie, de l'Antiquité jusqu'au XIXe siècle. Outre ces méthodes physiques parfois radicales, se met en place le « traitement moral », développé par Philippe Pinel (1745-1826). Pour lui, qui est considéré comme le père fondateur de l'aliénisme en France, l'aliénation a une cause morale produite par les passions de l'âme. Le médecin doit pénétrer dans la logique interne de l'aliéné et user de son autorité pour l'éloigner de ses idées folles. Ce traitement, qui demande une relation personnalisée entre le médecin et le patient, paraît impossible à appliquer quand un seul aliéniste, de surcroît directeur, aidé d'un seul interne en médecine, doit suivre plus de 400 aliénés. En 1877, un médecin-adjoint fut enfin demandé, mais point obtenu. Il fallut attendre 1880 pour que le directeur-médecin soit secondé par un médecin-adjoint, le docteur Boubila qui venait de l'asile d'Armentières, et auquel succéda en 1883 le docteur Millet, remplacé lui-même en 1884 par le docteur Bellat.

Le médecin Dagron préconisait surtout le travail manuel dont les malades pouvaient retirer de grands bienfaits (encadré p. 112).

Le travail manuel fut donc largement organisé dès 1869 : « les malades jouissaient des avantages attachés à la vie au grand air et aux travaux des champs ». Et d'après l'un des médecins, c'était là un puissant moyen de sédation et de distraction pour l'amélioration et la guérison des malades. Des congés d'essai de 15 jours à trois mois furent accordés aux « aliénés améliorés » car « l'asile n'est pas une sorte de détention perpétuelle ».

De fait, il fallait occuper les malades et l'on créa dès 1883, une troupe de théâtre, une école pour les enfants ; on acquit même un piano pour le pensionnat des hommes, et plus tard en 1892, on organisa une société de patronage pour les aliénés convalescents ou guéris.

Le rapport du médecin-directeur de 1880 mettait en évidence les circonstances aggravantes des maladies liées aux excès de l'alcool, exerçant leur influence sur les buveurs dont le système nerveux est impressionnable, mais aussi sur les enfants qui deviennent épileptiques ; «il y a des nourrices mercenaires du vin pur qui le donnent aux enfants et leur transmettent ainsi convulsions, crises d'épilepsie, affections cérébrales prédisposant à la folie».

Le régime alimentaire

La nourriture était fondée surtout sur le pain et les légumes. La culture de ces derniers avait une importance majeure puisqu'elle servait de base alimentaire à une population de plus de 800 individus (1878). Le jardin potager était soigné et les graines étaient régulièrement commandées chez Vilmorin. Le jardin, le verger, les terres arables formaient un ensemble de 88 ha à entretenir (66 ha en terres arables et prés, 12 ha en bois et marais, pour 8 ha en bâtiments).

Les malades recevaient tous du vin (provenant d'Algérie à partir de 1890) ou du cidre, et mangeaient de la viande cinq jours par semaine (1000 g qui deviendront 1100 g en 1877) ; une ration de vin et de pain supplémentaire pouvait être allouée aux travailleurs. Tous les repas étaient pris en commun dans des réfectoires, sur des tables garnies de toile cirée ; les malades devaient manger proprement et se servir de cuillers, de fourchettes et de couteaux à bout rond. Ce n'est qu'en 1882 que les assiettes en fer battu furent remplacées par des assiettes en faïence.

Pour une population qui s'accroissait de jour en jour, la nourriture coûtait fort cher et l'asile se détourna peu à peu des marchés locaux pour acheter dès 1879 jusqu'en Amérique du beurre salé et des filets de porc en boîte, distribués une fois par semaine. L'année suivante, il fallut aussi réduire sur le prix des œufs, qu'on achetait en grosse quantité (4 000) en août, à la Sainte-Claire. On les déposait dans des pots en grès remplis d'eau de chaux pour les conserver et pour les utiliser à la cuisine en hiver.

Traitements et soins préconisés en 1867 par J. Dagron

Cuisines construites au milieu des sections. À l'arrière-plan, les cheminées des bains.

« Les aliénés étant des malades et n'ayant été placés qu'à ce titre dans le domaine de la médecine, on se demande au début de cette installation comment les soigne-t-on ? Emploie-t-on de préférence les saignées et les bains ? Les traite-t-on exclusivement par la médecine physique ou par la médecine morale ? […]. Toutes les méthodes sont bonnes, et même la méthode expectante […]. Je m'arrêterai sur la discipline, le travail, les moyens de distraction et les exercices religieux, qui constituent en quelque sorte le traitement moral.

La discipline est basée sur la bienveillance alliée à la fermeté. Je m'applique à entretenir chez mes malades des habitudes d'ordre, de travail et de propreté. Je cherche à m'attirer leur affection. Habitué à bien discerner la force de la violence, je recommande à mes gardiens de se garder surtout de cette dernière, la réprimande, la privation de promenades extérieures, de visites, la diète de vin ou de tabac, la réclusion momentanée en cellule, la camisole et la douche étant mes seuls moyens de répression.

Le travail, sans être oppressif, est imposé à tous ceux qui en sont capables, hygiénique au physique comme au moral, il serait difficile de signaler tous les bienfaits qu'on peut en retirer. Mon intention est de lui donner ici la plus grande impulsion. En dehors des travaux de culture, de terrassement, de nettoyage, de sciage de bois, de jardinage, je proposerai pour les hommes l'ouverture d'ateliers de menuiserie, de saboterie, de serrurerie, de cordonnerie et de vannerie ; quant aux femmes, elles trouveront à s'occuper aux travaux de confection, de couture, de lessivage, de repassage […].

Les moyens de distraction doivent être en rapport avec les habitudes antérieures des malades et leur degré d'instruction. Je me suis demandé si j'ouvrirais une école et leur ferais faire de la musique, mais ayant eu à faire avec des paysans et des ouvriers, j'ai trouvé préférable de les occuper à des travaux manuels […]. Dans tous les cas, j'organiserai pour les longues soirées d'hiver des jeux.

Les exercices religieux, s'ils ne sont pas une cause d'excitation, seront encouragés […]. Toutes les religions seront respectées ».

Le personnel

Les médecins

Il est impossible de faire le portrait de tous les médecins, aussi ne sont présentés ici que quelques-uns des aliénistes pionniers.

Jules Dagron (1814-† 1884), originaire du Mans (Sarthe), ancien élève des hôpitaux de Paris, obtient son doctorat en médecine en 1842. Il fait toute sa carrière – 34 ans –, comme médecin aliéniste : d'abord nommé en 1843 comme médecin du quartier des aliénés de Fontenay-le-Comte en Vendée, il devient directeur en 1853 de l'asile de Napoléon-Vendée (La Roche-sur-Yon), où il reste jusqu'en 1861, avant de procéder à l'installation de l'asile de Bonneval (Eure-et-Loir), puis de celui de Prémontré où il est envoyé le 15 novembre 1866. Il termine sa carrière à Ville-Evrard (Seine) qu'il « dirige de la façon la plus brillante » de janvier 1868 jusqu'à sa retraite en février 1877.

Il se fait remarquer par ses prises de position – il est le premier, semble-t-il, à briser les chaînes des aliénés des quartiers dangereux –, et par ses travaux scientifiques sur *Les aliénés et les asiles d'aliénés*. Il fait montre d'une grande vaillance, en 1849, lors de l'épidémie de choléra, après laquelle il est décoré de la grande médaille d'honneur. Il lutte tout aussi efficacement contre la dysenterie et fait encore preuve de courage pendant la guerre de 1870, alors qu'il est attaché à l'ambulance du Châtelet et aux ambulances de l'Assistance publique.

Isaac Viret.

Isaac Viret (1823-† 1901) qui lui succède à Prémontré, est né à Rouen en 1823. Sa carrière encore plus longue, quarante ans, se déroule dans le même milieu. Ancien interne de l'asile de Saint-Yon (Seine-Maritime), de la maison de Charenton et de l'asile de Blois, il devient médecin adjoint à l'asile de Saint-Yon avant de devenir directeur médecin des asiles de Saint-Lizier (Ariège), d'Auch (Gers) et enfin de Prémontré. Persuadé des vertus du travail agricole, il y fonde trois colonies agricoles. En août 1868, il écrit : « Le plus grand nombre des aliénés envoyés à l'asile se compose de malades dangereux ou incurables, de sorte que ces malheureux sont reçus plutôt pour être séquestrés que pour être traités. Une autre catégorie mériterait d'être secourue, c'est celle des mélancoliques ». Il passait pour un homme des plus austères.

« Aussi, l'arrivée du docteur Pilleyre, succédant au docteur Viret, apparut comme un heureux événement. Une bouffée de renouveau passait sur le vallon de Norbert. Le veston de l'homme politique remplaçait la sévère redingote du savant de cabinet. Ancien conseiller général du Puy-de-Dôme, médecin de clientèle, le nouveau directeur avait la parole affable. Le personnel manifesta de l'engouement. On reprochait, sous le manteau, au directeur précédent une parcimonie excessive, beaucoup trop de lente réflexion. Son successeur avait l'esprit pétulant ; trouvant les caisses pleines, il osa entreprendre des réformes heureuses, l'installation de générateurs à vapeur à la cuisine, à la buanderie. La réputation de Prémontré s'étendit rapidement. Les pensionnaires affluaient. Prémontré asile atteignit son apogée. Comme docteur, il continua de suivre les méthodes du docteur Viret. Visite du matin. Rapport. Surveillance attentive. Fin et prudent, le docteur Pilleyre avait su discerner tout ce qu'il y avait de solide dans l'œuvre de son prédécesseur. Il sut en conserver l'armature. C'était un homme de goût comprenant la valeur artistique des édifices confiés à sa garde. Il créa un parc pour la promenade des malades, améliora la vie des pensionnats : bibliothèque etc. et donna une grande importance à la colonie agricole du Lieubain. Mis à la retraite après 21 années d'intelligente administration, il céda la place en 1912 à M. le docteur Masselon. Avec ce nouveau directeur débute l'ère des médecins spécialisés, des psychiatres. Cherchant à pénétrer le secret des maladies mentales, ils ne se contentent plus d'être les « super-gardiens » de toutes ces âmes aux flammes vacillantes, ils veulent entrer dans le domaine des âmes en s'occupant des cerveaux, organes compliqués, délicats, sans lesquels tout être humain, malgré un corps parfait, est privé de toute vie autre, spirituelle. Le psychiatre qui doit être un bon médecin au point de vue général se montre aussi psychologique (*sic*), ayant le sens de l'intuition, de la divination, médecin des âmes !

Le docteur Masselon avait écrit un ouvrage remarqué sur la démence précoce. Tout porte à croire qu'il aurait eu dans sa carrière un avenir glorieux quand une grande catastrophe s'abattit sur la Patrie, la guerre de 1914 » (extrait de notes d'Albert Letombe).

Liste des Supérieures
de la communauté

Sœur Caroline Folliet (1867 – 1872)
Sœur Damienne Suatton (1872 – † 1885)
Sœur Marie Aimée Domenge (1884 – † 1893)
Sœur Marie Louise Berlioz (1893 – 1908)
Sœur Irène Pignier (1908 – 1918)
Sœur Hélène Sandoz (1918 – 1931)
Sœur Marie Adeline Perrier (1932 – 1945)
Sœur Marie Françoise Belluard (1945 – 1965)

Liste des directeurs
de l'hôpital psychiatrique de Prémontré

Médecins-directeurs

Jules Dagron (15 novembre 1866 – 1er janvier 1868)
Isaac Viret (24 janvier 1868 – 26 avril 1891)
E. Pilleyre (26 avril 1891 – octobre 1911)
Joseph Charpentier (novembre 1911 – décembre 1911),
médecin adjoint, directeur intérimaire
René Pierre Masselon (1er janvier 1912 – 31 août 1914)
Édouard Letombe (3 septembre 1914 – 31 janvier 1919),
receveur-économe a fait fonction de directeur

Directeurs administratifs

Defente (1er février 1919 – août 1920),
directeur de l'hospice départemental de Montreuil à Laon, directeur intérimaire
Albert Lenoir (2 septembre 1920 – octobre 1935 ?)
Maurice Malapert (1er novembre 1935 – † 13 mai 1938)
Jacques Dupas (1er juin 1938 – 26 février 1951)
Paul Châtel (26 février 1951 – 1er mars 1983)
Georges Imbert (16 août 1983 – 16 avril 1991)
Jean-Pierre Mariani (1er juillet 1991 – 31 janvier 1998)
Gilles Barou (26 février 1998 – 10 décembre 1999)
Marc Egert (30 juin 2000 – octobre 2002)
Catherine Lamballais-Vertel (15 novembre 2002 –)

La population des aliénés

En France

En 1834, le nombre de malades internés est de 10 000 ; en 1865 de 35 000 et en 1875, les patients internés en asile sont plus de 42 000 pour 120 aliénistes, sur une population de 36 millions d'habitants. Ce nombre ne cesse d'augmenter à tel point que sous la Troisième République les établissements dévolus aux fous accueillent autant, voire plus de monde que les prisons : 94 000 à la fin de la Troisième République (cf. le rapport de Constans, Lunier et Dumesnil, inspecteurs généraux du service des aliénés, 1874).

À Prémontré

1867, janvier : 252 aliénés Aisne, 5 des autres départements = 257 ; une seule guérison

1867, août : 297 personnes à nourrir (253 aliénés, 16 sœurs, 10 employés, 14 servants, 4 ouvriers)

1867, novembre : 412 aliénés dont 212 hommes et 200 femmes

1867, décembre : 374 aliénés dont 260 pour l'Aisne, 102 pour les autres départements et 12 au compte des familles

1868, mars : 422 aliénés, dont 269 aliénés pour l'Aisne, 142 pour les autres départements, 11 au compte des familles ; 45 employés = 467 personnes

1868, avril : 15 religieuses pour 205 femmes n'y suffisent pas : demande supplémentaire de 7 sœurs

1869, janvier : 440 malades dont 282 pour l'Aisne et 131 pour les Ardennes ; 52 employés

1870, juin : 452 malades dont 291 pour l'Aisne, 133 pour les Ardennes, 29 pensionnaires ; 31 guérisons

1870, décembre : 492 malades dont 40 femmes venant de la Seine. Pendant la guerre, il n'y a pas eu d'admissions et quelques familles ont repris leurs pensionnaires

1874 : 140 aliénés des Ardennes (1° visite du conseil général des Ardennes)

1877, juillet : 360 femmes pour 313 places, 304 hommes pour 269 places

1878, janvier : 710 malades dont 419 pour l'Aisne, 165 pour les Ardennes ; 33 guérisons ; 95 décès ; 15 à 20 femmes travailleuses ; 50 à 60 hommes travailleurs

1879, décembre : 739 malades dont 325 hommes et 351 femmes ; 36 guérisons ; 72 décès

1880, décembre : 746 malades

1885, janvier : 874 aliénés dont 456 femmes et 418 hommes ; 4 sœurs en plus, et une gardienne supplémentaire

1892, octobre : 992 aliénés dont 560 malades femmes soignées par 37 sœurs ; 104 décès, 152 pensionnaires

1893 : 1056 aliénés dont 168 pensionnaires

1896 : 305 malades des Ardennes (2° visite du conseil général des Ardennes)

1898 : 1128 malades

1899, janvier : 1137 malades dont 601 pour l'Aisne (285 hommes, 316 femmes), 327 pour les Ardennes, 174 pensionnaires ; 58 guérisons ; 36 améliorations ; 101 décès

1900 : 1128 dont 600 aliénés pour l'Aisne et 352 pour les autres départements et 176 pensionnaires ; 176 employés

1906 : 1188 aliénés

1909, janvier : 1284 malades dont 592 hommes et 692 femmes

1910 : 1283 aliénés ; la population nourrie se monte à 1442 ; 357 malades pour les Ardennes (3° visite du conseil général des Ardennes) ; 187 pensionnaires, 62 guérisons, 43 améliorations, 98 décès

1911 : 1241 malades

1914 : 1300 malades

1914 : 155 décès

1915 : 650 malades hommes, 750 malades femmes, 52 sœurs, 60 infirmières ; 565 décès

1916 : 83 décès

1917 : 1 décès

1918 : 15 décès

1920 : 224 malades à Prémontré ; 357 à l'extérieur

1921, février : 267 malades dont 121 hommes et 146 femmes

1921, décembre : 359 aliénés dont 144 à l'extérieur : 215 à Prémontré, les autres dans 39 établissements

1930 : 788 malades dont 479 pour l'Aisne ; 4 guérisons, 82 améliorations ; 115 agents cadres pour le personnel infirmier dont 48 hommes et 67 femmes

1931 : 843 malades

1938 : 1117 malades dont 682 pour l'Aisne, 284 Ardennes, 132 pensionnaires

1939 : 779 aliénés indigents

1945 : 504 aliénés indigents

1947 : 657 indigents, 73 pensionnaires

1950 : 1006 malades ; 189 sorties dont 46 transitoires ;

1951 : 1006 malades pour 284 personnel soignant ; 455 hommes au total ; sur 253 hommes admis, 189 sorties dont 46 transitoires ; 29 décès

1952 : 1121 malades ; personnel soignant 309 ; 76 décès

1959 : 1298 malades, 1557 entrées, 964 sorties

1960 : 1325 malades dont 629 femmes, 670 hommes, 26 au CPFC ; sur lesquels 279 travailleurs ; pour 364 infirmiers dont 22 religieuses

1983 : 965 patients à l'hôpital

1987 : 620 patients à l'hôpital

1991 : 1381 entrées ; 1075 lits dont 599 en hospitalisation complète, 180 incomplète, 182 à domicile, 114 en placements familiaux ; 57 emplois médicaux, 994 non médicaux et 639 pour le service infirmier et de rééducation (1690 dont 204 à l'extérieur)

Constance Pascal (1877-1937)
la première femme aliéniste en France

Après avoir été naturalisée française et avoir soutenu sa thèse en 1905 sur *Les formes atypiques de la paralysie générale*, Constance Pascal, née à Pitesti en Roumanie le 24 août 1877, orpheline de père, boursière de la faculté de médecine, est la première femme à présenter et à obtenir, en mars 1908, le concours des asiles de province. En effet, raconte-t-elle : « Pour être interne des hôpitaux, il faut être riche car on n'est pas payé. Dans les asiles, j'avais mon pain ». Malgré un tollé général des aliénistes masculins qui prétextent qu'une femme n'a pas la force physique et morale pour s'occuper des malades mentaux, son concours est un triomphe et lui permet de rétorquer que « les malades ont plus besoin de douceur que de force musculaire ».

Elle est d'abord chargée de 1908 à 1917 de l'annexe de Fitz-James à Clermont de l'Oise, où elle met en pratique l'idée que l'asile ne doit pas être une prison. Elle est affectée à Charenton, en 1917, comme médecin détaché du ministère de la Guerre. L'hôpital reçoit les victimes civiles et militaires de la guerre, toutes nerveusement atteintes. Pour aider les infirmières mères de famille, débordées, elle crée une pouponnière.

À la fin de la guerre, son détachement fini, on lui propose en 1920 le poste de médecin-chef de l'asile d'aliénés de Prémontré, qu'elle accepte après discussion. C'est la première fois qu'un asile est placé sous la direction d'une femme. Dans son journal, elle décrit les clôtures détruites, les cours défoncées, les principaux bâtiments, majestueux, aux murs meurtris et aux toits réparés avec de la toile goudronnée. Dans son appartement, il n'y a ni eau ni électricité. Visité par les loups, l'asile est dans un état déplorable… Les aliénés des deux sexes, même dangereux, circulent librement. Avec les fougueuses américaines de la mission de secours d'Anizy-le-Château, au volant de leurs puissantes Ford, « elle arrache au préfet et au conseil général du département le matériel de construction, les ouvriers, l'équipement hospitalier et les produits pharmaceutiques qui manquent dangereusement ». Elle fait restaurer la chapelle, rédige à Prémontré un article sur « les abcès de fixation » et reprend l'examen du « fonds mental », nouvelle orientation pour ses recherches.

En 1922, elle est nommée à Châlons-sur-Marne où elle rédige avec Davenne *Le traitement des maladies mentales par les chocs*. Elle se présente au concours de recrutement des médecins-chefs des asiles d'aliénés de la Seine où elle brille une fois encore. Elle reprend, de 1925 à 1927, un poste de médecin-directeur à Moisselles (auj. Val d'Oise) et termine sa carrière à Maison-Blanche où elle reste dix ans, poursuivant ses recherches sur l'exploration de l'âme humaine, enseignant, écrivant, jusqu'à ce que la maladie ait raison d'elle en 1937.

Psychiatre de l'enfant, chercheur obstiné en thérapeutique, sensible aux rapports entre la folie et la guérison par les arts, elle se signala partout par sa puissance de travail, son dévouement, l'inventivité de ses initiatives dans l'institution hospitalière, par ses travaux scientifiques et ses publications dont certaines sont rééditées aujourd'hui, comme *Chagrins d'amour et psychoses*.

La première section des femmes, vers 1950-1960.

Les sœurs de la Charité de la congrégation Jeanne Antide Thouret

Les femmes étaient soignées par des sœurs de la Charité : en 1867, 16 sœurs pour 205 femmes, en 1885, 28 pour 456 femmes, en 1892, 37 pour 560 femmes, pour atteindre le nombre de 53 en 1911. En 1921, elles reviennent d'exode à 18 pour s'occuper de 146 femmes ; en 1925, elles sont encore 32 et ce jusqu'en 1939, puis 27 en 1960 et 25 en 1965, au moment de leur départ définitif. Fondées en 1799, à Besançon, par sainte Jeanne Antide Thouret (1765-1826), les sœurs de la Charité sont depuis deux cents ans au service des pauvres et des malades, selon l'intuition spirituelle de saint Vincent de Paul. Elles ont tenu longtemps écoles, pensionnats, ouvroirs, crèches, hôpitaux et asiles d'aliénés, en France, en Suisse et en Italie. À l'initiative de la fondatrice, les règles et les œuvres de l'Institut, approuvées par le pape Pie VII en 1819, l'ont élevé au rang de congrégation de droit romain, dont la maison générale est à Rome. Depuis cette date, la congrégation est présente dans 26 pays du monde. Les sœurs, qui restèrent à Prémontré de 1867 à 1965, dépendaient de la province de Savoie, fondée en 1825 (maison provinciale : La Roche-sur-Foron, Haute-Savoie), l'autre province française étant celle de Besançon, d'où la fondatrice est originaire.

La buanderie, vers 1950-1960.

Une convention, passée le 4 février 1867 entre le médecin-direc-teur, Jules Dagron, et la supérieure générale de la Congrégation, Caroline Chambrot, stipulait que le nombre de sœurs ne devait pas excéder seize, sans une autorisation du ministère de l'Intérieur, que la sœur supérieure remplissait les fonctions de surveillante en chef de la section des femmes, que la communauté logeait séparé-ment mais à proximité du service, que les sœurs étaient placées sous l'autorité du directeur, qu'elles étaient meublées, nourries, blanchies, chauffées et éclairées aux dépens de l'asile, avec une indemnité de vestiaire annuel, qui devint vite dérisoire et insuffi-sante. Les sœurs étaient « considérées tant en santé qu'en maladie comme filles de la maison et non comme mercenaires ». Les sœurs âgées pouvaient ainsi prétendre à la « reposance », retraite bien méritée à Prémontré, mais cet alinéa eut ultérieurement une fâcheuse contrepartie et empêcha leur immatriculation en 1947 à la Sécurité sociale. À l'asile, elles étaient occupées à la buanderie, à la lingerie, à la cuisine, à l'infirmerie, aux sections, aux cellules, aux bains, à la pharmacie, plus tard à la surveillance du pensionnat des femmes. Peu à peu, elles durent se professionnaliser : ainsi sur 32 en 1939, 14 avaient leur diplôme d'État d'infirmière ; sur 27 en 1960, presque toutes étaient titulaires du diplôme d'État d'infir-mière des hôpitaux psychiatriques, ou de pharmacie.

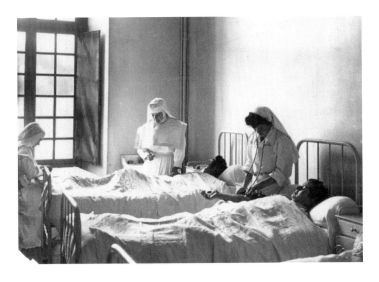

L'infirmerie.

La convention fut modifiée en 1930, après l'engagement de 30 auxiliaires laïques. La communauté voulait alors se retirer car le travail était trop épuisant, et plusieurs sœurs étaient tombées gravement malades. En outre, la laïcisation de Prémontré entamée en 1911, dans un contexte national antireligieux, même si elle se défendait d'être anti-cléricale, avait changé peu à peu l'ambiance pour les sœurs. La commission de surveillance, pour des motifs économiques et financiers, et le préfet furent unanimes à la désapprouver. Dans le débat avec les conseillers généraux, moins tolérants, le préfet Sébline, qui refusa de diligenter une enquête pouvant laisser s'installer une quelconque suspicion envers les sœurs, était même allé

À gauche : la buanderie.
À droite : le service des repas.

Sœur Marie-Valentine
dans la lingerie.

jusqu'à s'écrier : « Leur service est tout à fait recommandable ; il est fait par des femmes dévouées et auxquelles on n'a à reprocher que leur cornette. Non, je ne laïciserai jamais Prémontré qui est, si je puis dire, "inlaïcisable". J'attendrai que les municipalités radicales de Vervins et Château-Thierry aient laïcisé leurs hospices… »

Les sœurs furent héroïques pendant la guerre de 1914-1918 : elles soignèrent, avec presque rien, les malades dans le plus grand dénuement, et la plupart d'entre elles durent les accompagner lors de leur exode en mars 1916 en Belgique, à Dave près de Namur, et à Merxplas. Quelques-unes d'entre elles, réquisitionnées par les occupants allemands pour leur service personnel, restèrent jusqu'en 1917. Citons la sœur Vincent Rosaz, une des premières religieuses arrivées le 22 février 1867, qui fut en fonction de 1867 à 1926, soit 59 ans, et reçut la médaille d'or de l'Assistance publique en 1936 pour service rendu à l'hôpital, en particulier pour avoir accompagné les malades durant leur exode en 1915-1919, ou la sœur Adeline Perrier, arrivée à Prémontré en 1899, qui fut réquisitionnée, avec quinze autres sœurs, par les autorités allemandes pour aller soigner les prisonniers atteints de maladies contagieuses et tenus à l'écart dans un lazaret international à Dizy-le-Gros, puis à Origny-Effry.

Faute de recrutement – 22 infirmières sur les 364 soignants en 1960 – et en raison du climat social, l'ambiance devint pesante et

Portrait de Sœur Marie-Adeline

Lundi 11 octobre 1954, en présence de SE Mgr Douillard, évêque de Soissons, de M. le chanoine Scaramellini, vicaire général, de la sœur supérieure provinciale de l'ordre, venue de Savoie, de la sœur supérieure Marie-Françoise qui a succédé à sœur Marie-Adeline (etc.) M. Bonnaud-Delamare, préfet de l'Aisne, remettait la croix de chevalier de la Santé publique à sœur Marie-Adeline, ancienne supérieure des sœurs de la Charité, à l'hôpital psychiatrique de Prémontré... Le vice-président du Conseil général, M. Droussent, en profita pour remercier les religieuses, les médecins et le personnel qui ont une haute conception de leurs devoirs et souligna la difficulté de leur tâche. Il insista particulièrement sur le renoncement des sœurs qui ont sacrifié leur vie au service des malades. M. le préfet rappela ensuite l'existence toute donnée de la vénérée récipiendaire.

Mère Marie-Adeline est née en 1874, à Saint-Pierre d'Aubigny en Isère. En 1896, elle entrait au noviciat des sœurs de la Charité de Saint-Vincent de Paul à La Roche-sur-Foron (Haute-Savoie). Sa probation terminée, après un bref séjour à Moret en Seine-et-Marne, Mère Marie-Adeline arrive à Prémontré en 1899.

Elle est toujours à son poste pendant la guerre 1914-1918 et supporte courageusement avec ses compagnes les souffrances et les misères de l'occupation allemande. Car l'ennemi réquisitionne les religieuses pour aller soigner les malades civils atteints de fièvre typhoïde, diphtérie, gale, dans les différentes régions de l'Aisne (Effry en particulier, où se trouvaient réunis, dans un lazaret, les prisonniers de diverses nationalités).

Mère Marie-Adeline et ses compagnes se dévouent entièrement auprès des malheureux soldats dont le sort est épouvantable : il en meurt 10 à 15 par jour.

En février 1918, Mère Marie-Adeline est rapatriée en Suisse et regagne la France où elle est affectée aux soins des contagieux à l'ambulance militaire de Chambéry, avant de fonder à Châtel une maison de santé privée.

En 1921, elle est nommée supérieure de la maison des vieillards d'Annecy, puis supérieure de l'hôpital civil et militaire de Sospel, dans les Alpes-Maritimes. En juin 1932, Mère Marie-Adeline revient à Prémontré comme supérieure des religieuses attachées à l'établissement, où elle demeure jusqu'en 1946.

Aujourd'hui encore, elle continue d'apporter son concours éclairé à la supérieure, Mère Marie-Françoise.

En terminant, M. le préfet mit en relief la belle page d'humanité écrite par la vénérée récipiendaire qui assista tant de mourants à leur dernière heure et il épingla la Croix de chevalier de la Santé publique sur sa poitrine après avoir prononcé la formule traditionnelle.

La Croix de l'Aisne s'associe à l'hommage rendu par le gouvernement français, en la personne de son représentant dans le département, aux trois dévouées religieuses et y joint les félicitations et les prières d'actions de grâces de ses amis et lecteurs.

(D'après *La Croix de l'Aisne*, dimanche 17 octobre 1954)

s'alourdit encore en 1963, lors de la mise en place de la «sectorisation», dont l'effet le plus visible fut de donner au médecin-chef le soin à la fois des hommes et des femmes d'un secteur géographique déterminé. La communauté des sœurs avait donc perdu la responsabilité du secteur des femmes et vivait dans une atmosphère de suspicion.

La sœur provinciale écrivait en 1964 à l'évêque de Soissons : «Nos religieuses vivent dans un climat incompatible avec leur vie de consacrées ; il me semble que leur vie spirituelle, morale et même leur foi sont en danger. On n'entend pas à longueur de journée des théories marxistes sans en être marquées». Le 6 juillet 1965, la supérieure provinciale, sœur Carmella Chassot annonça le retrait des sœurs pour la fin de l'année. Après une cérémonie d'adieu, le 15 décembre, présidée par le préfet de l'Aisne et le président du Conseil général, les religieuses quittaient, le 21 décembre, le service qu'elles assumaient depuis un siècle dans le diocèse. Le 22 décembre, à 21 heures, la supérieure Marie Belluard remettait les clefs de la communauté à la direction.

Partant définitivement, elles avaient reçu l'ordre du directeur de brûler tous les documents appartenant à la communauté, ce qui fut fait scrupuleusement, pendant deux mois, dans une lessiveuse au fond du jardin…

Les gardiens et infirmiers

Les sources sont rares et discrètes pour connaître le travail des gardiens, qui s'occupaient des hommes. La tâche devait être très ingrate car on note la rapide succession des médecins mais aussi la répugnance précoce qu'ils avaient à coucher dans les dortoirs des malades agités et malpropres : on leur construisit, en 1884, des petites chambres spéciales accolées aux dortoirs.

Le premier infirmier homme arrive en 1948. Très vite, les infirmiers se syndiquent et revendiquent les postes de chef de quartier, tenus jusque-là par les sœurs.

Le port de l'uniforme allait de pair avec l'introduction d'un règlement de police intérieure. Il fut obligatoire jusque dans les années trente et ne manquait pas de donner des allures militaires aux gardiens et infirmiers.

L'uniforme décrit en 1867 pour les infirmiers consistait en une veste, un pantalon et un gilet en drap gris de fer avec collet et passepoil garance. Le képi-casquette était en drap bleu, avec passepoil garance. Pour le travail, la veste était remplacée par une blouse bleue avec collet et passepoil garance. Un ceinturon noir, retenu par une plaque en cuivre, et une cravate foulard en coton complétaient le costume. L'été, un pantalon en treillis gris remplaçait le pantalon de drap. Pour le surveillant en chef, la tunique, le pantalon et le képi étaient en drap bleu avec passepoil garance.

Bouton en cuivre de l'uniforme des gardiens.

Enfin, les boutons étaient en cuivre, avec au centre le nom de Prémontré. Aujourd'hui, l'uniforme s'est transformé en blouse verte, portée par les hospitaliers.

Gardien en uniforme à la porte d'entrée.

Les malheurs de la guerre de 1914-1918

De 1914 à 1916, avant l'évacuation de l'asile, les malades et le personnel eurent à subir un véritable martyre, du fait des exactions de l'ennemi, du manque de nourriture et de la fièvre typhoïde. Privé dès le début de la guerre de directeur et de médecins, l'asile connut une situation qui ne fit que s'aggraver au fur et à mesure des mois. La charge retomba sur le receveur-économe, Édouard Letombe (1851- † 1923) et son fils Albert, alors qu'il allait prendre sa retraite après 42 années de service dont 32 à Prémontré. Il se retrouva porté au poste de maire et à celui de chef d'établissement, devant faire exécuter les ordres de l'envahisseur et surtout devant pourvoir au ravitaillement, pour lequel il fit de nombreux emprunts. Envoyé à Hirson en mars 1917 avec le personnel qui restait, il réussit même à sauver les archives de l'hôpital. Il géra Prémontré du 3 septembre 1914 au 31 janvier 1919. De retour à Prémontré, il dut encore s'occuper de plusieurs centaines de plis adressés « au directeur » et qui étaient en souffrance à la poste depuis cinq ans…

Quartier de Hongrie transformé en salle des morts, (aujourd'hui en salle des fêtes), vers 1920.

Page précédente : corps de logis central vers 1920.

Bonjour à Ninette.
Louis

Mais pour dire toute l'horreur de cette époque, il y avait en 1914 1 400 malades, 650 hommes et 750 femmes. En 1914, il y eut 155 décès; en 1915, 565 décès; en 1916, avant l'évacuation, 83 décès encore. Deux médecins, le docteur Raviart de Lille et le docteur Weyert, aliéniste allemand, avaient prévu pour décembre 1915 l'évacuation des malades vers la Belgique, évacuation qui fut retardée à février 1916, en raison d'une mésentente entre les gouvernements français et allemand. Les sœurs qui n'avaient pas été réquisitionnées, accompagnèrent les convois. Les malades restèrent en Belgique jusqu'en août 1918, furent rapatriés avec le personnel de l'asile par la Suisse, placés pour le plus grand nombre à l'hôpital de Moûtiers (Savoie), les autres étant répartis dans 39 autres établissements. Ce n'est qu'en septembre 1919 qu'un premier contingent d'aliénés put regagner Prémontré. En 1920, 224 étaient de retour, mais 357 étaient encore hébergés à l'extérieur.

Édouard Letombe qui avait tant donné mourut avant même de recevoir la Légion d'honneur que l'État ne lui remit même pas à titre posthume.

Ci-contre: corps de logis central. Vestibule d'entrée transformé en chapelle : état en 1920.

Page précédente: procure affectée au pensionnat des dames : état vers 1900 en haut ; état en 1920 en bas.

L'asile pendant la guerre de 1914-1918

« Les heures de la débâcle

Le tocsin avait sonné. Prémontré, comme les autres localités, avait vu ses enfants quitter leur foyer en hâte, et endosser l'uniforme pour aller défendre le sol de la Patrie menacée. L'Asile comptait en ce temps-là 650 malades hommes, 750 malades femmes, 52 sœurs, 60 infirmières, plus les ouvriers des différents corps de métier. Le service médical se composait du médecin-directeur, du médecin-adjoint et de deux internes. Le médecin-adjoint et les internes furent appelés sous les drapeaux les premiers jours d'août 1914. Le médecin-directeur partit à son tour le 30 ou 31 août, mais pour mettre sa famille en sûreté à Paris. Avait-il l'intention de revenir à son poste ? En tous cas, il ne revint pas. Restait à l'établissement Monsieur l'économe. Il faisait les fonctions de maire de la commune, et un de ses fils – son aîné – était à la guerre. Leur conduite admirable pendant l'occupation est au-dessus de tout éloge : ils furent secondés par le surveillant-chef des hommes, et quelques bons employés.

[…] Évacuer l'Asile n'était pas possible : où et comment emmener tant de monde

[…] Le 30 août, un dimanche à deux heures du matin, l'avant-garde de l'armée anglaise arrivait sous les murs de l'Asile. Elle venait de Belgique et se dirigeait sur Paris. À huit heures, le gros de l'armée se mit à défiler […] Le lendemain, ce fut le tour de l'armée française, qui fuyait en déroute devant l'ennemi […] Rien de triste comme une armée qui bat en retraite poursuivie par l'ennemi.

L'invasion

Dans la soirée du 1er septembre, vers 4 heures, un avion allemand survolait la région, dans la direction de Soissons […] Vers 8 heures, les Uhlans firent leur apparition, mais n'entrèrent pas dans l'Asile. Bientôt, l'armée arrivait en rangs serrés. On pouvait voir, à la lueur de la lune, flamboyer les baïonnettes, pendant que les échos répercutaient dans le silence de la nuit le trot des chevaux et le pas régulier de l'infanterie, tel un fleuve humain qui déborde, une partie traversait l'Asile par la porte du Nord, qui s'ouvrait sur la ferme. Les officiers, en vainqueurs, sommèrent les autorités de l'Asile et

Corps de logis central : état en 1920.

de la commune de se présenter, [...] leur enjoignirent de leur servir à souper. À partir de ce jour, les Allemands s'installèrent dans l'Asile comme chez eux. Tous les locaux rendus vacants par l'absence du corps médical furent occupés par le commandant et ses hommes. Les chevaux eux-mêmes eurent leur place au salon. Ils firent main basse sur le matériel de leur choix [...] Avant la fin de l'année, les provisions étaient épuisées, et seuls ceux qui ont bu au calice de l'invasion pourraient dire les privations et les souffrances auxquelles on peut s'attendre quand on est réduit à recevoir son ravitaillement de la main de l'ennemi [...] Les temps devenaient de plus en plus mauvais. Malgré le dévouement sans limite de l'économe et de son fils, le ravitaillement était plus qu'insuffisant. Les malades mouraient nombreux : 560 dans l'année 1915, et malgré cela, leur nombre ne diminuait guère, car les Allemands en amenaient sans cesse, la plupart pauvres loques humaines, épuisées par la faim et la peur. Le manque absolu de bois ne permettait plus de construire des cercueils [...]

L'évacuation

Vers la fin de 1915, les Allemands résolurent d'évacuer tout l'Asile. Le docteur Raviart, de Lille, fut chargé de cette triste besogne [...] L'exode vers l'inconnu commença fin février 1916. Les convois se composaient en général de 150 malades, d'une dizaine d'infirmières pour les hommes et autant de sœurs pour les femmes [...] Le premier départ fut un convoi de malades hommes, qui fut dirigé sur Dave-lès-Namur, asile d'aliénés hommes, appartenant aux frères de la Charité de Gand. La Belgique fut très accueillante et s'appliqua à améliorer le sort des malades. La même semaine, un convoi de malades femmes et de dix sœurs partit pour Merxplas, colonie pénitentiaire d'hommes, située dans la province d'Anvers. Le deuxième convoi de femmes partit pour Dave le 4 mars. Ainsi,

dans le courant de l'année 1916, par convois semblables, les malades furent tous dirigés sur la Belgique [...]

Quinze sœurs étaient restées avec la supérieure à Prémontré. Comme il ne restait plus de malades, elles furent affectées par l'autorité allemande à travailler pour les soldats : laver la lessive, faire la cuisine, les nettoyages etc. Le 16 janvier 1917, elles reçurent l'ordre de plier bagages à leur tour, et le lendemain elles furent chargées sur des tombereaux et des camions non couverts [...] Le froid était rigoureux, la neige tombait en abondance. Ce convoi de la communauté est celui qui souffrit le plus dans l'évacuation [...] Le martyre dura quarante jours et les estomacs criaient famine. La petite colonie arriva enfin à Merxplas dans la première quinzaine de mars [...]

Le groupe des malades femmes et des sœurs qui avaient été dirigées sur Dave-lès-Namur n'y resta que 29 jours. Les hommes y restèrent jusqu'en 1919 [...]

Le 3 avril, les Allemands arrivèrent à l'Asile Saint-Martin sans prévenir, et enjoignirent à la supérieure de faire le nécessaire pour partir immédiatement, avec les malades. Après avoir stationné à Turnhout, le convoi avec 150 malades fut conduit jusqu'à Recheim, dans le Limbourg belge, qui furent logés dans le château fort. C'est seulement à l'automne 1919 que les sœurs virent la fin de l'exil, et purent retourner à Prémontré.

Récit complet de la sœur Vincent Rosaz, publié dans Le Courrier de Mondaye, n° 88, septembre 1999, p. 4-13. Traduction de Jean-Marc Dalès.

On connaît trois récits de ces années épouvantables : outre celui-ci, celui de Joseph Charpentier, Un asile martyr : Prémontré pendant la guerre, dans L'Informateur des aliénistes et des neurologues, n° 7, 1921, p. 1-6, et celui de Marguerite Letombe, fille du receveur-économe.

La reconstruction de l'asile après la guerre de 1914-1918

La guerre fut une catastrophe pour l'asile tant sur le plan humain que sur le plan des constructions.

Les bâtiments de la cour d'honneur et la porte Saint-Jean avaient considérablement souffert du conflit, l'ennemi ayant fixé, après le repli Hindenburg de mars 1917, ses lignes à 3 km de Prémontré. Certaines constructions avaient les toitures et charpentes, les menuiseries et les planchers, voire les voûtes des caves, détruits.

Pour réinstaller le service des hommes, le service des femmes et l'administration dans la partie la moins endommagée du bâtiment central, des couvertures provisoires furent posées sur l'ancien logis abbatial (quartier des hommes pensionnaires), sur l'ancienne procure (quartier des femmes pensionnaires) et sur le grand bâtiment ; un étaiement de la grande brèche de la chapelle des sœurs fut mis en place de 1919 à 1922 par Émile Brunet, architecte en chef des Monuments historiques. Celui-ci, dans un rapport du 30 mars 1921 au directeur des Beaux-Arts, préconisait de limiter les travaux à la remise en état des façades, à la réparation ou réfection,

Logis abbatial : état du grand salon en 1920.

suivant les cas, des combles, à la restauration de la chapelle, de l'escalier d'honneur et des boiseries formant lambris dans l'aile occidentale de la grande cour d'entrée, à la réfection des parties détruites de la salle voûtée sur croisées d'ogives et de la poterne nord de l'établissement, dépendant autrefois des communs. La reconstruction des planchers, cloisons, menuiseries intérieures et autres ouvrages serait laissée à la charge du département. L'exécution de tels travaux nécessita plusieurs campagnes.

Porte Saint-Jean : état en 1920.

En 1921, bien que l'établissement eût souhaité une restauration rapide du gros œuvre, se réservant lui-même les aménagements intérieurs, les travaux n'avançaient pas. Georges Ermant, maire de Laon mais surtout président de la commission de surveillance, prit alors la plume pour exposer aux Beaux-Arts, le 4 février 1922 «…l'urgence qu'il y avait à reconstituer les services de l'asile où viennent se réfugier les plus navrantes des douleurs humaines […]. C'est en vertu de ces considérations qu'il a

Logis abbatial : état du grand salon en 2007.

été décidé l'exécution des travaux devant, pour la première tranche, s'élever à plus de 4 millions de francs. Je n'ai pas besoin d'insister ici pour montrer la noble ordonnance de la cour d'honneur de l'établissement et des bâtiments qui l'entourent. Ces constructions constituent une belle œuvre architecturale, la conception en est grandiose, la sculpture ornementale largement traitée, intéressante ; sauf pour un bel escalier, les matériaux et la mise en œuvre sont médiocres. À juste titre, les constructions dont il s'agit sont classées Monuments historiques et l'administration des Beaux-Arts en a entrepris la lente et peut-être la coûteuse restauration, ce qui permet aux intempéries d'aggraver les dégâts de la guerre […]. La commission […] entend être fixée sur les intentions de l'administration des Beaux-Arts tant au point de vue de l'exécution matérielle qu'au point de vue financier… ».

En juillet 1922, les Beaux-Arts formulèrent une réponse d'attente : « une étude très sérieuse » de la part de leurs services était en cours ; dès octobre 1922, ils firent diligence sur le bâtiment central dont les ouvrages de maçonnerie – obturation de la grande brèche et réfection de la voûte elliptique à pénétrations –, de charpente et de couverture, étaient en bonne voie d'achèvement. La restauration du gros œuvre des deux autres bâtiments encadrant la cour se poursuivit, sous la direction d'Émile Brunet et Jean Trouvelot, jusqu'en 1928. On prévoyait à présent de restaurer les boiseries du grand salon et celles de la rotonde ovale, ainsi que la création d'un mobilier pour la chapelle. Le pavillon du jardin, dont la façade avait été éventrée et dont les stucs fondaient en raison de la détérioration de la toiture, fut enfin restauré en 1928. En 1930, la réfection des murs de clôture, des pavillons d'entrée et de la grande porte Saint-Jean était en cours. En 1932, Jean Trouvelot prévoyait encore quatorze tranches de travaux allant jusqu'en 1937, dont la restauration de la chapelle Saint-Norbert en vue de son affectation au service paroissial, le rétablissement des jardins, des murs et des grilles de clôture. Si les deux dernières propositions étaient réalisées en 1937, la reconstruction de la chapelle ne fut jamais entreprise.

Jusqu'en 1928, l'administration des Beaux-Arts effectua les travaux sur ses crédits de dommages de guerre, mais par la suite elle poursuivit les restaurations aux frais du département, par avances de dommages de guerre. En 1932, Trouvelot fit un devis relatif aux travaux restant à faire de 1 790 569 F, baissé de 6 % et fixé à 1 680 000 F. Cette somme, sur avis de la commission spéciale, fut allouée au département.

Entre les projets de travaux, la restauration menée par les Beaux-Arts et le réaménagement intérieur conduit par le département, le coût de la remise en état de l'établissement s'éleva à près de 6 millions de francs.

Juste avant la Seconde Guerre mondiale, on avait programmé un groupe médico-chirurgical susceptible de permettre sur place l'application des traitements dits « de choc », mais ce projet ne fut discuté à nouveau qu'en 1955.

La situation pendant la Seconde Guerre mondiale

À partir de 1935, la préfecture de l'Aisne, comme toutes les autres, diligenta une enquête secrète en vue d'une évacuation en cas de conflit, auprès des directeurs d'établissement à risques, enquête renouvelée tous les ans et ce jusqu'à la guerre… et qui ne servit à rien. On a conservé la réponse de Maurice Malapert pour 1936. Il signalait entre autres que seulement 50 agents n'étaient pas mobilisables, que 700 malades pouvaient marcher, mais que 350 étaient infirmes, qu'il fallait compter sept tonnes de matériel de valeur et d'archives et quarante-cinq de ressources essentielles, et prévoir vingt camions pendant trois jours pour transporter l'ensemble jusqu'à la première gare d'embarquement, pour faire face à une évacuation totale.

Les événements ne se déroulèrent pas ainsi. Les délibérations de la commission de surveillance, beaucoup plus prolixes que celles de la Première Guerre, permettent de donner un témoignage sur la situation de l'hôpital au cours des années 1939-1940.

Dès septembre 1939, le directeur Jacques Dupas prit des dispositions exceptionnelles, en raison de la mobilisation de 139 agents. Il confia, en plus des sections de femmes, trois sections de malades hommes aux religieuses attachées à l'établissement, et les trois autres sections de malades agités et travailleurs à des hommes restés sur place. Le service de surveillance était assuré pendant la

L'hôpital de mai à juillet 1940

« À l'annonce de l'avance des troupes allemandes et devant le flot continu de réfugiés qui, venant de Belgique et du Nord de la France, encombraient toutes les routes de la région, une certaine nervosité s'empare d'une partie du personnel.

Du 2 au 15 mai, dix agents ne reprennent pas leur travail. Malgré un ordre de service exhortant le personnel au calme et au courage et l'enjoignant de rester à son poste, malgré l'engagement pris par l'Administration de recueillir à l'hôpital les parents et enfants des agents en service, le 16 mai, l'économe, le secrétaire de direction et 29 agents abandonnent leur poste.

Ces abandons se multiplient. Le 17 on compte 38 défaillants, les 18 et 19, 17 agents ne rejoignent pas leur poste. Ce même jour, avec mon autorisation, le receveur et le surveillant chef quittent également l'hôpital.

Le 20 mai, l'avance allemande se confirme. Un dernier appel est adressé au personnel restant, l'invitant à ne pas abandonner les malades qui lui ont été confiés. Cependant, tenant compte de l'autorisation qui lui avait été accordée par le préfet de quitter Prémontré en emmenant le personnel et les malades susceptibles d'être réadaptés, le directeur laisse toute liberté à ceux qui estiment pouvoir abandonner les malades pour assurer leur sécurité personnelle. Sept agents seulement manquent à leur devoir, les autres répondent à l'appel qui leur est adressé et restent à leur poste.

À noter que profitant du manque total de surveillance et des facilités créées par les événements, 90 malades hommes s'évadent ; 25 seront repris et réintégreront l'hôpital.

Le 21 mai, au matin, Prémontré est occupé par les troupes allemandes.

Dès le 23, les autorités allemandes, tant médicales que militaires et administratives, insistent pour que la population de l'hôpital soit évacuée sur une formation similaire située en dehors de la zone de combat. Prenant en considération les arguments opposés à cette suggestion, le Haut commandement allemand intervient auprès des commandements militaires français et anglais pour obtenir la neutralisation de Prémontré. Satisfaction lui est accordée et le 25, le directeur a la joie d'apprendre aux malades et au personnel que l'hôpital ne sera pas évacué. A la suite de démarches pressantes, il obtient ensuite que les corvées de récupération soient organisées en vue de recouvrer toutes les denrées alimentaires et des combustibles abandonnés par les agents du personnel ayant quitté leur domicile.

Entre le 17 et le 25 mai, des parents d'agents du personnel et quelques habitants restés dans les communes voisines, soit 67 personnes dont 26 étrangères sont recueillies et hébergées à l'hôpital [...]. L'hôpital commence à manquer de la farine nécessaire à la subsistance de la population. Des dispositions sont alors prises pour assurer la mouture du blé de la dernière récolte. À la suite d'insistantes démarches auprès des autorités allemandes, 3 000 kilos de farine sont enfin livrés par leur soin, le 4 juin.

Le 6 juin au soir, plusieurs officiers se présentent à l'établissement et réquisitionnent la voiture touriste Novaquatre de l'hôpital. Le 7, sous la menace des armes, obligation est faite de livrer le camion Renault, qui sera récupéré par la suite, et une voiture Peugeot, propriété personnelle du directeur.

Le 10, à la suite des prélèvements effectués et des déprédations commises tant dans les jardins que dans les services économiques et agricoles, le directeur obtient que l'hôpital soit exempté de toute occupation et de toute réquisition. Cependant, sous la menace du revolver, il est mis dans l'obligation de céder, contre bon régulier de réquisition, certaines denrées dont les officiers commandant les troupes cantonnées à Prémontré déclarent avoir un impérieux besoin. Il faudra également résister sans défaillance aux exigences des troupes de choc dont le passage dans le village se renouvelle chaque jour.

Puis viendra l'Armistice et le retour lent des familles rentrant dans leur foyer après de pénibles épreuves. Peu à peu la vie qui, en réalité, n'a jamais cessé à Prémontré, reprendra son cours ».

Le directeur, relation datée du 26 août 1940.

journée par les femmes de service. L'effectif administratif était passé de 18 à 13, celui du personnel soignant de 200 à 141, celui des surveillants généraux de 110 à 71, soit de 325 à 225 personnes.

Pour assurer le gardiennage des patients, le directeur dut embaucher du personnel de remplacement, d'autant que pendant cette période trouble, 110 agents quittèrent l'hôpital sans autorisation. Parallèlement, le nombre d'évadés augmenta : 90 pour le seul deuxième trimestre de 1940, dont 25 furent repris et réintégrés !

Le 26 août 1940, il restait 911 malades contre 1210 au 1er janvier de la même année. La baisse des effectifs était due à une importante mortalité causée par le rigoureux hiver de 1939, à une restriction des entrées du fait que l'hôpital se trouvait en zone interdite, mais également à ces évasions collectives, nombreuses entre mai et juillet 40.

L'hôpital fut à nouveau occupé par l'armée allemande lors de sa retraite au mois d'août 1944. Il fallut, en octobre 1944, réparer les ouvertures des bâtiments entourant la cour d'honneur, mais surtout refaire les couvertures représentant une surface considérable de toitures et sécuriser les couronnements en pierre de plusieurs cheminées qui menaçaient de tomber. Les travaux étaient d'autant plus urgents que les salles des malades avaient déjà pris l'eau. À la fin de la guerre, il restait 504 aliénés indigents. En 1945, ils étaient 779.

Il revint encore à Jacques Dupas, directeur jusqu'en 1951, de créer une « section pour enfants anormaux, inéducables », dans une partie des sections affectées aux « services communs ». Une station de pompage et d'épuration fut aussi mise en service cette année-là, remplaçant l'unique puits tubé alimentant plus de 1 200 personnes.

Ateliers reconstruits au
XXe siècle.

Humanisation et modernisation de l'hôpital

En 1952, Paul Châtel, directeur de 1951 à 1983, effaré de voir
que certains malades dormaient encore sur la paille, dehors dans
des boxes, s'employa à humaniser l'hôpital avant la lettre, et à
moderniser les cuisines. Il déclarait que la maladie mentale n'était
pas inexorable, que l'aliéné ne devait pas rester de l'autre côté de
la barrière.

«La psychiatrie a fait d'immenses progrès durant ces dernières
années. Elle a à sa disposition des méthodes biologiques efficaces : la
cure strychnée et vitaminée pour soigner l'intoxication éthylique,
l'électrochoc appliqué aux mélancoliques, les cures insuliniques pour
certains syndromes mentaux. Mais il faut à présent compter avec
les méthodes psychothérapiques et ergothérapiques qui se sont
développées considérablement. Ces méthodes utilisées aux USA, en
Angleterre et en Hollande et depuis 1947 à Ville-Evrard, nécessitent
un doublement du personnel spécialisé, comme les kinésithérapeutes
et les "rééducateurs". Le problème majeur à résoudre est celui de
l'encombrement, les malades sont privés de salles de jour, confinés
dans un espace restreint comme des animaux en cage. Le travail est
utilisé comme mode d'assistance à l'intérieur de l'hôpital mais n'est
pas une thérapeutique. Il faudrait pouvoir développer les travaux
exécutés dans des ateliers de vannerie, de dessin, de pyrogravure, de
menuiserie, d'imprimerie, d'édition. Pour 1 123 malades, il n'y a que

214 infirmiers au lieu des 330 prévus, il n'y a pas d'assistante sociale, pas d'animateurs sportifs. Il faudrait considérer l'hôpital comme un centre de traitement où les malades ne font que passer».

Un plan quinquennal d'équipement fut donc programmé, en 1955, pour faire de l'établissement un véritable centre de rééducation pour malades mentaux. Partant du constat que l'hôpital psychiatrique devait pouvoir disposer de quatre types de moyens thérapeutiques : les méthodes biologiques, les méthodes psychothérapiques, l'ergothérapie ou rééducation par le travail et un service social, le plan devait permettre leur application, qui imposait un certain nombre de travaux : la réfection des cuisines, l'installation d'un groupe électrogène et d'une chaufferie centrale en remplacement des chaufferies individuelles, la réfection du bassin d'épuration, l'aménagement de salles de jour et la construction de trois pavillons devant abriter des ateliers de rééducation.

L'architecte du ministère de la Santé publique et de la Population, P. Froment, et le docteur Lauzier, constataient une nouvelle fois que le classement de l'ancienne abbaye parmi les Monuments historiques et l'exiguïté d'une enceinte non extensible – environ 10 ha d'assiette disponible au sol – conditionnaient l'extension des locaux de l'hôpital. En 1955, ils décrivaient l'ensemble ainsi :

Boucherie reconstruite après la guerre de 1914-1918.

« Derrière les bâtiments classés (le médian à usage d'administration, les deux latéraux servant de pensionnat hommes et femmes) ont été édifiés huit quartiers à grand axe est-ouest, en deux rangées parallèles (pavillons 1 à 4 hommes et 1 à 4 femmes) séparés par les cours des malades. La capacité maximale de ces pavillons oscille autour de 45 lits. Deux pavillons sont occupés par les enfants inéducables. Entre ces deux rangées sans espace libre, le bloc de la cuisine, qui vient d'être entièrement reconstruit sur des plans modernes, avec des dispositions très heureuses. Derrière ce bloc, du côté nord, deux quartiers cellulaires d'agités à l'aspect carcéral et anachronique (comportant 35 et 25 lits). À la périphérie de cette zone se situent : à l'est, l'admission des femmes (67 lits) et la 6e section femmes (68 lits) ; au nord-ouest, la 2e admission femmes (68 lits) derrière laquelle se situe la ferme comportant un pavillon de travailleurs hommes (100 lits). À proximité, la salle des fêtes installée dans l'ancienne chapelle ; à l'ouest, la 7e section femmes (39 lits) attenante à la buanderie derrière laquelle on construit un pavillon (108 lits) ; enfin au sud-ouest, l'admission hommes faisant corps avec le pensionnat hommes (134 lits), non loin et plus au sud, le pavillon dit de l'orangerie (14 lits).

On est en présence d'une zone ordonnancée centrale resserrée, entourée étroitement de sept pavillons de malades, de la buanderie et de la ferme, sans parcelle intercalaire utilisable. Ainsi constitué, l'hôpital de Prémontré a une capacité réglementaire optimale de 739 lits et maximale de 968 lits, qui sera portée à 1 076 lits après la mise en service du pavillon en construction. La population est en progression : elle est passée de 1184 au 1er janvier 1953 à 1 208 malades au 1er septembre 1954 (584 du sexe masculin, 624 du sexe féminin comportant 92 enfants), soit une surcharge de 25 % [...]. On peut facilement prévoir un accroissement constant de la population. En effet, les études tant françaises qu'étrangères fixent à 3 pour mille le nombre de lits d'hospitalisation psychiatrique à prévoir pour une population donnée. Pour l'Aisne et les Ardennes, 2 094 lits sont donc nécessaires, dont 735 lits pour les Ardennes. Dans l'avenir, il est certain que l'hôpital de Prémontré ne pourra plus accueillir que les malades de l'Aisne. On ne doit pas regretter d'ailleurs que son extensibilité soit limitée, car on est d'accord actuellement pour considérer que la limite acceptable de rentabilité et d'efficience thérapeutique pour un établissement psychiatrique se situe autour de 1 000 lits.

L'encombrement est d'ailleurs inégalement réparti dans l'établissement, les pensionnats étant occupés par un nombre de malades inférieur à leur capacité réglementaire, alors que les « services communs » sont surchargés. On peut se demander, devant la disparition progressive des « pensionnats » dans les hôpitaux psychiatriques français, si cette formule sera encore longtemps valable à Prémontré.

La nomination prochaine d'un quatrième médecin chef va permettre en scindant le service des hommes, d'attribuer à chacun d'eux un nombre de pavillons à peu près égal. Il serait souhaitable à cette occasion, ainsi que lors de la mise en service du nouveau pavillon, de ventiler la population des « services communs », de façon à obtenir un pourcentage d'encombrement à peu près égal partout, alors qu'actuellement la surcharge est plus élevée dans le service des femmes […] ».

Le plan s'étira en longueur mais n'empêcha pas la direction de P. Châtel d'être marquée surtout par la construction successive de quatre bâtiments : au cœur des pavillons, une nouvelle cuisine (1952-1955), couverte d'une coupole circulaire de 10,50 m en dalle de béton translucide, fut réalisée par Georges Roger Beinex, entrepreneur de béton à Paris ; un nouveau laboratoire avec salon de coiffure, cabinet dentaire, dortoir et petit réfectoire (1954-1958) apportait une touche de modernité ; une clinique psychothérapique fut inaugurée le 24 avril 1959 ; et enfin extra-muros, au nord de l'enceinte, un service pour soigner les éthyliques (1958-1961) comptait deux unités de 25 lits chacune. Paul-Albert Muller, architecte des Monuments historiques, en dessina les plans et en dirigea les travaux. Une chaufferie centrale fut également installée dans l'enceinte à l'ouest, avec à proximité une nouvelle lingerie-buanderie. Faute de financement, la reconstruction des quartiers de sécurité ne fut entreprise que dans les années soixante. La ferme, incendiée à nouveau en 1957, fut transférée dans les bâtiments du Lieubain, à 3 km de l'hôpital.

Cuisine au centre des sections, reconstruite en 1955, couverte d'une coupole en dalle de béton translucide.

La création de quatre départements en 1960 confirma l'élan de modernisation de l'hôpital : il s'agissait d'un dispensaire d'hygiène mentale, d'un hôpital de jour, de foyers de post-cure et d'ateliers protégés.

Pendant les années 1963-1968, on procéda à la réinstallation de la buanderie derrière les quartiers des malades dangereux, à des constructions, le long de l'avenue, pour le personnel (villas pour les chefs de service, immeuble de logements pour les infirmiers et spécialistes), et à des regroupements de services paramédicaux.

De 1983 à 1988, la sectorisation et les activités extrahospitalières, avec trois structures à Soissons et Château-Thierry, commencèrent à se mettre en place.

1983 fut une date clé pour Prémontré. L'humanisation mise en marche depuis 1972 et la rénovation des bâtiments étant termi-nées, l'administration de l'hôpital, en accord avec le ministère de la

Santé, la Sécurité sociale et le groupe des médecins, opta pour une nouvelle politique d'externalisation des activités hospitalières et une diminution des hospitalisations à temps complet, possibles grâce aux nouvelles thérapies. Dès lors, le Centre hospitalier spécialisé ouvrit de 1983 à 1988 une douzaine d'hôpitaux de jour et d'appartements thérapeutiques à Hirson, Chauny, La Fère, Tergnier, Laon et Soissons. Il développa les hospitalisations à domicile et mit en place des maisons autogérées.

Depuis 1988, dix-sept bâtiments accueillent les cinq secteurs de psychiatrie adulte (Hirson, Soissons, Château-Thierry, Laon et Chauny) et trois inter-secteurs de psychiatrie infanto-juvénile (Laon, Saint-Quentin et Soissons-Château-Thierry). Une section de 50 lits est également installée pour recevoir les malades difficiles. L'établissement public de santé mentale de l'Aisne se caractérise de plus en plus par une grande ouverture sur l'extérieur. Comptant environ mille patients hospitalisés intra-muros il y une quinzaine d'années, il n'en compte plus aujourd'hui que 320. La plus grande partie de ses activités s'exerce désormais sur les différents points du département où des structures diversifiées ont été installées dans une cinquantaine de lieux : centre médico-psychologiques, hôpitaux

Centre régional d'alcoologie de Picardie, construit en 1961 par P.-A. Muller, à l'extérieur de l'enceinte au nord-est.

Ex-5e section abritant aujourd'hui l'école d'infirmières.

de jour, hospitalisation à domicile, placements familiaux, appartements et ateliers thérapeutiques, pour le suivi d'environ 9 000 personnes. À Prémontré, il reste essentiellement quatre unités : le service pour les malades agités ou dangereux, le service de psycho-gériatrie, le service régional d'alcoologie de Picardie (CRAP) et l'unité de recherche clinique en apprentissage (URCA). Deux secteurs de psychiatrie générale sont rattachés au centre hospitalier de Saint-Quentin. En outre, le centre hospitalier dispose d'un institut en soins infirmiers de 57 places et d'une école d'aides-soignantes et d'infirmières occupant l'ancienne 5e section.

De nombreuses conventions sont signées avec les établissements de santé dans le cadre de la psychiatrie de liaison, de la prise en charge des urgences psychiatriques et de l'installation d'unités de psychiatrie générale à Soissons, Laon, Chauny, Villiers-Saint-Denis. Les liens restent étroits avec les différents centres pénitentiaires de Château-Thierry et de Laon. La majorité des patients, à 95 %, proviennent du département de l'Aisne.

Découverte de la plaque du Centre d'Études et de Recherches Prémontrées par le RP Hugues Six de l'abbaye de Mondaye.

Signature de la convention par le directeur M. Egert et M. Plouvier.

Des études de programmation pour la réhabilitation des unités d'admission (anciennes sections) ont été conduites en 2006. L'ensemble des huit sections doit être aéré par la création d'une place centrale grâce à la disparition de la cuisine, dont seule la rotonde sera conservée. Le bâtiment central de la cour d'honneur aura son élévation nord dégagée de constructions adventices, ajoutées au cours des années. Une nouvelle cuisine, établie selon la chaîne stricte du froid et du chaud, avec une salle de restaurant couverte d'une «toiture végétalisée», doit être construite, sur les plans de l'architecte C. Grember, au nord-ouest de l'enclos, dans un site assez escarpé.

Procure. Élévation ouest.

La baisse du nombre de patients, depuis une douzaine d'années, a entraîné une redistribution des bâtiments. La direction générale et la direction des finances occupent aujourd'hui l'ancien pensionnat des hommes (ancien quartier abbatial), le centre de formation professionnelle et le service des eaux se sont installés dans l'ancien pensionnat des femmes (procure). Quant à la direction des relations humaines et à celle des soins, elles ont investi le grand bâtiment central. La première section hommes est affectée à la gérance de tutelle et au Centre d'Études et de Recherches Prémontrées qui dispose, depuis le 9 octobre 2001, d'une vaste salle au rez-de-chaussée.

Prémontré a brillé de tous ses feux, en août 2004, lors des remarquables nuits des « Écrits lumière », qui ont permis d'associer le travail des professionnels et celui des malades en réinsertion. Les images mouvantes projetées dans la nuit sur les belles façades de la cour d'honneur, accompagnées de textes créés par les uns et les autres, ont restitué plus de huit siècles de la présence à Prémontré d'êtres humains attentifs aux autres.

Pénétrer dans ce vallon préservé, presque secret, découvrir au bout d'une longue allée la splendeur des anciens bâtiments abbatiaux, apprendre qu'ils abritent l'institution du département qui soigne les plus dépendants, c'est approcher un haut lieu de spiritualité et d'humanité.

Page suivante : les « Écrits lumière » mis en scène par la société Abax en 2005.

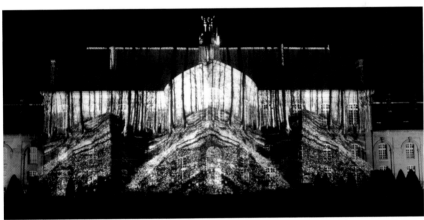

Le rayonnement des Prémontrés aujourd'hui

L'histoire de Prémontré continue aujourd'hui et se prolonge dans la vie de 33 abbayes ou prieurés masculins et 14 communautés féminines : 1 700 Prémontrés et Prémontrées restent fidèles à la tradition de saint Norbert et vivent selon la règle de saint Augustin, à travers le monde, et bien au-delà de la vieille Europe, qui souffre d'un manque de vocations.

L'ordre compte, cependant, en France 2 abbayes d'hommes (Frigolet, Mondaye) et 6 prieurés (Caen, Accous, Conques, Bonlieu-sur-Roubion, Tarbes-Laloubère) dont un en Italie (Miasino) ; en Belgique, 7 abbayes d'hommes (Averbode, Grimbergen, Louvain, Park, Postel, Tongerlo et Leffe), 2 prieurés (Bois-Seigneur-Isaac, Brasschaat) et un couvent de norbertines (Veerle) ; en Allemagne, 5 abbayes d'hommes (Hamborn, Speinshart, Medlingen, Windberg, Roggenburg), 2 prieurés (Fritzlar et Magdeburg) et une communauté féminine (Rot an der Rot) ; aux Pays-Bas, une abbaye (Berne), 2 prieurés (De Essenburgh, De Schans) et 2 communautés féminines (Oosterhout, Mariëngaard) ; en Angleterre, 2 abbayes (Storrington, Manchester) ; en Irlande, 1 abbaye (Kilnacrott) ; en Espagne, 2 communautés féminines (Toro, Villoria de Orbigo) ; en Suisse 1 communauté féminine (Berg-Sion) ; en Autriche, 3 abbayes d'hommes (Geras, Schlägl et Wilten).

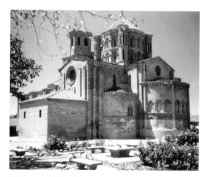

Abbaye de Toro (Espagne).

Kilnacrott • — IRLANDE — Kilmarnock — ROYAUME-UNI — SUÈDE — DANEMARK Vejle — LETTON... — LITUANIE — ESTONIE

Storrington • — Oosterhout • Tilburg • De Essenburgh — PAYS-BAS — Elbe — POLOGNE — Vistule

Postel • — Berne • — ALLEMAGNE — Oder — Magdebourg — Imbramowice •

Braschaat • — Veerle • — Grimbergen • — Hamborn • — Fritzlar — Teplá • Doksany • Strahov • — Cracovie • — UKRAI...

Parc • — Averbode — Tongerlo — RÉP. TCHÈQUE • — Zeliv • Nova Rise • — Jasov •

Bois-Seigneur-Isaac • — Leffe — LUX. — Speinshart • — Regensburg • — SLOVAQUIE •

Mondaye • — Caen — Seine — Meuse — Rin — Windberg • Schlägl • — Geras • — Gödölló •

Rot an der Rot • — Mont Sion SUISSE — Wilten • — Csorna • — HONGRIE — Magnovarad •

FRANCE — Loire — Danube — Rivalba — AUTRICHE — SLOVÉNIE — ROUMANIE

Conques • — Bonlieu • — Pô — CROATIE — BOSNIE-HERZ. — ITALIE

Pau • — Laloubère • — Frigolet • — Rhône — Ebre — Garonne

ESPAGNE — 300 km

◆ Abbaye d'hommes
◆ Abbaye de femmes
● Prieuré

Après cinquante ans d'intolérance communiste, l'Ordre a refleuri en Europe de l'Est : en Hongrie (Csorna, Gödöllo et une implantation féminine à Zsámbék), en République tchèque (4 abbayes d'hommes : Strahov, Nova Rise, Zeliv, Tepla, et 2 couvents de norbertines : Doksany et Radvanov), en Slovaquie (Jasov et Vrbové), en Roumanie (Magnovarad). L'abbaye de Strahov à Prague a rouvert ses portes et les pèlerins peuvent de nouveau accéder au tombeau de saint Norbert. L'Ordre n'avait survécu qu'en Pologne avec deux communautés féminines (Cracovie et Imbramowice).

Il rayonne à présent dans tous les continents : en Amérique du Nord (aux USA, 3 abbayes d'hommes : Daylesford, De Pere et Orange, et une communauté féminine : Teha-

En haut : abbaye d'Averbode (Belgique).
Ci-contre : Zeliv (République tchèque).
Bibliothèque.

Abbaye de Strahov (République tchèque).
Bibliothèque appelée salle de philosophie,
XVIIe siècle.

chepi et au Canada, Saint-Constant au Qué-
bec), en Amérique latine (au Brésil : Brasilia,
Sao Paulo, au Chili et au Pérou : Lima), en Asie
(en Inde : Jamtara, Bengalore et Bombay), en
Afrique (au Congo : Kinshasa, et en Afrique du
Sud : Cape Town) et jusqu'en Australie
(Queens Park).

Les abbayes sont regroupées en circaries
linguistiques (francophone, anglophone,
néerlandophone, germanophone etc.) comprenant chacune les fondations principales
et les établissements qui en dépendent.

L'abbaye de Prémontré n'a jamais retrouvé
son statut de chef d'ordre. La Curie générale
de l'Ordre se trouve désormais à Rome
(Viale Giotto, 27, I-00153 Rome). Le chapitre général réunit tous les six ans abbés et
délégués de chaque communauté : 2001
Rome, 2006 Munich.

Les communautés vivent de différentes
activités : exploitation agricole et forestière,
fromagerie, brasserie, enseignement, imprimerie, reliure d'art, observation astronomi-
que, pèlerinage, accueil de retraite et hôtelle-
rie. Le temps des religieux est partagé pour
moitié aux « choses de Dieu » : office du
chœur, liturgie et chant, temps de lecture et
prière personnelle, pour autre moitié à tous
les services de la communauté : entretien
des bâtiments, soin des aînés, des malades,
accueil des hôtes et aux services extérieurs :
desserte des paroisses, aumônerie d'hôpital,
de prison, enseignement dans les collèges
etc.

Intronisation de l'abbé Joël à Mondaye, 11 novembre 2006.

La journée d'un Prémontré

7 h 00
office des lectures
laudes
8 h 00
petit déjeuner
8 h 30
chapitre ; réunion de la communauté
matinée
travail dans l'abbaye,
ministère à l'extérieur
11 h 00
messe communautaire
sexte
12 h 00
repas
13 h 00
détente en communauté

14 h 00
tierce
après-midi
travail dans l'abbaye
ministère à l'extérieur
18 h 00
chapelet, prière personnelle
18 h 30
vêpres
19 h 00
dîner
19 h 30
réunion de la communauté
20 h 30
complies
21 h 00
travail personnel, prière, ministère
23 h 00
repos

Pour une visite de Prémontré

Avant de remonter la grande avenue qui conduit à la porte d'entrée, se trouvent sur la gauche (à l'ouest) les ruines de la deuxième abbaye, Prémontré II, les premiers bâtiments n'ayant pas été localisés précisément et ayant été construits probablement en bois ou réutilisant la chapelle bénédictine de Saint-Vincent de Laon. La tradition a baptisé les vestiges de cette petite église « Saint-Norbert » et les fait remonter au fondateur de l'ordre, vers 1121. L'étude architecturale fait osciller la date entre 1120 et 1140. Seules des fouilles archéologiques permettraient de trancher.

Sceau de l'abbaye de Prémontré représentant l'agneau de saint Jean-Baptiste

Il subsiste quelques pans de murs de cet édifice : le mur goutte-reau nord de la nef et les deux tiers de l'abside. C'était une petite église à nef unique terminée par une abside hémicirculaire aux dimensions dans œuvre de 22,80 m de longueur sur 6,20 m de largeur avec des murs de plus d'un mètre d'épaisseur. La hauteur des murs est d'environ 5 m mais le sol a été exhaussé d'environ 50 cm, comme le prouve un bénitier conservé dans le mur nord. L'élévation de l'église est à un seul niveau de baies en plein cintre, quatre dans le mur nord de la nef et trois dans l'abside. Ces baies, simplement ébrasées à l'intérieur, ont la particularité d'être décorées à l'extérieur d'un quart de rond et d'un boudin soulignant l'archivolte, qui se prolongent sans interruption, jusqu'au glacis. Un cordon suit l'archivolte des fenêtres du chevet et se prolonge dans les murs. Le mur de la nef est épaulé par un seul contrefort, au niveau du clocher surmonté d'une flèche postérieure, tandis que celui de l'abside comporte trois contreforts. Le chœur était probablement voûté d'une voûte en cul-de-four alors que la nef devait être couverte d'une charpente. Quelques églises du Soissonnais,

Ci-contre : fronton du corps de logis central aux armes de l'abbé Lucas de Muin : d'argent à la fasce d'azur chargée de trois glands d'or accompagnée de trois merlettes de sinople posées deux et une.

Brény, Montigny-l'Allier, s'apparentent à ce plan très simple. Mais les baies les plus proches se voient à Oulchy-le-Château, ou encore à Laon (à la chapelle des Templiers, au transept de l'église Saint-Martin).

Ce plan à nef unique et chevet semi-circulaire ne fut adopté par les Prémontrés, à la fin du XIIᵉ siècle qu'à Lahonce, dans le sud-ouest de la France mais se retrouve dans les chapelles des étrangers ou églises paroissiales des abbayes de Chelles, Rebais, Champeaux, Jouarre, Vauclair. L'église qui aurait pu l'inspirer est celle de Cîteaux II, aujourd'hui détruite, mais dont on connaît bien le plan. Cette construction, en pierre, consacrée en 1106, de taille modeste, à nef unique de 7 m de large sur 22 m de long, terminée par un chevet à trois pans, était voûtée, éclairée par trois fenêtres dans le sanctuaire et deux dans la nef. La différence tient essentiellement dans le plan du chevet et l'absence de clocher.

Contre le mur gouttereau nord s'appuyait encore au XVIIIᵉ siècle un bâtiment qui fut le premier monastère « en dur ». Et au sud, s'étendait le cimetière paroissial détruit au cours du XIXᵉ siècle.

L'allée de 375 m de long qui conduit à la cour d'honneur, était bordée de charmilles. Le grand canal qui la longeait et coulait du nord vers le sud, transformé en égout à l'époque de l'asile, fut d'abord couvert avant d'être planté de pommiers alignés.

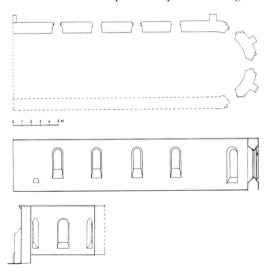

Relevé de l'église saint-Norbert : plan au sol, coupe longitudinale et coupe transversale sur l'abside.

Mur d'enceinte. Vue orientale.

Au-dessus et sur deux terrasses s'étageaient le verger et le jardin potager que regardait la façade méridionale de l'orangerie, de plain-pied. La serre au-dessous, composée de deux vaisseaux séparés par une ligne de colonnes, sert actuellement de salle d'exposition ou de lieu d'accueil. Grand canal, verger, jardin potager, orangerie et glacière faisaient partie du quartier abbatial.

La porte d'entrée rebâtie en 1819 à l'époque de la verrerie, dans un goût néoclassique, sur les plans de l'architecte soissonnais Duroché, remplaça une somptueuse grille en fer forgé du milieu du XVIIIe siècle, à deux vantaux sommés d'un couronnement, qui fut vendue à la Révolution à la verrerie de Folembray et disparut lors de la Première Guerre mondiale.

La cour d'honneur, impressionnante par la qualité de ses constructions, est encadrée par trois bâtiments : le grand corps de logis central au nord, bâti par les frères Bonhomme à l'initiative de l'abbé général Lucas de Muin vers 1728-1738, le logis abbatial à l'ouest et son symétrique la procure à l'est (bâtiment de l'économat) élevés sur l'instigation de l'abbé Bruno Bécourt de 1742 à 1757.

Le grand corps de logis principal de 107 m de long, asymétrique (une travée de moins à l'est), mais élevé de deux niveaux sur toute sa longueur, ne formait en réalité dans un premier projet qu'une aile d'un ensemble en U s'ouvrant sur l'occident et regardant la «montagne». Mais Bécourt changea l'axe de la composition qui d'ouest en est qu'il était, devint nord-sud : la cour ne butait plus sur la montagne, obstacle visuel, mais s'ouvrait sur l'aval du vallon et se tournait ainsi vers le siècle.

Imagine-t-on aujourd'hui ce que furent les démolitions et les déblaiements, les aplanissements et les nivellements, et surtout les rectifications de l'éperon de la montagne pour créer ces alignements et ces perspectives, un peu faussés par l'empilement des constructions modernes ?

Le logis abbatial, bâti en équerre, frappé sur ses frontons des armes de Bécourt, fut placé à l'ouest et conserve de sa splendeur d'antan un salon lambrissé et surtout un escalier de 1746, chef-d'œuvre de stéréotomie (se visitent). Cet escalier suspendu en vis de Saint-Gilles, à cage et jour ovale, n'est pourtant pas celui qui fit la célébrité de Prémontré (construit en 1731 pour faire le lien entre l'église et le dortoir et détruit en 1796). De la chapelle domestique de l'abbé, on a conservé le retable la «Déposition de croix» du peintre Lamy, longtemps exposé dans la chapelle de la manufacture, de Saint-Gobain, accroché bientôt dans l'église paroissiale du même lieu (p. 156).

La procure fermait la cour d'honneur à l'est. Ces deux bâtiments qui présentent une élévation semblable à trois niveaux, sont rythmés sur treize travées par des pilastres plats d'ordre colossal ionique soutenant un entablement sans frise.

Derrière le grand corps de logis qui servait au rez-de-chaussée de salles de billard, à manger, du chapitre, à l'entresol de salle d'archives et au premier étage de «chambres à feu» pour les religieux prêtres et les supérieurs, se cachait l'abbaye. Le vestibule (*auquel vous pouvez accéder*) de plan elliptique, couvert d'une voûte en arc-de-cloître barlongue (transformée depuis les années 1870 en chapelle) desservait les bâtiments conventuels qui s'articulaient autour de deux cours avant d'être remplacés par les halles de la verrerie, puis par les bâtiments des sections de l'asile.

L'aile occidentale qui contenait les cuisines, les magasins, la bibliothèque et l'aile méridionale, abritant le réfectoire mais séparant cloître et cour des cuisines, furent rebâties entre 1717 et 1738.

Procure. Détail du fronton frappé des armes de Bruno Bécourt.

Seules l'aile orientale et l'église (Prémontré III bâtie vers 1140, dédicacée en 1232, consacrée en 1297, arasée vers 1865, dont les dimensions étaient de 82 m de long sur 24 m de large), héritées des constructions médiévales, furent conservées jusqu'à la Révolution. Elles furent toutefois aménagées et rhabillées. Ainsi, la sacristie médiévale fit place au célèbre grand escalier bâti par l'architecte Charles Bonhomme en 1730-1731 pour accéder au dortoir des religieux. Il fut détruit en l'an V.

À l'exception des Bonhomme qui élevèrent le grand corps de logis, les concepteurs architectes de cette vaste reconstruction, entreprise au milieu du XVIIIe siècle, et dont l'apothéose devait être la réédification de l'église, dans le goût de celle de Sainte-Geneviève de Paris (le Panthéon), n'ont pas laissé leurs noms. La reconstruction souhaitée par le dernier abbé général Jean-Baptiste L'Écuy, qui voulait une église dans un style néo-classique fut proposée à deux architectes mal connus, Jean-François Xavier Leclerc (1785) et Jean-Baptiste Delécluze (1786). Cette grandiose ambition chiffrée à 500 000 livres fut balayée par la Révolution.

La visite s'arrête entre le logis abbatial et le grand corps de logis. Derrière s'étendent les bâtiments de l'hôpital, élevés en 1865-1867 par Jules Touchard. Les huit pavillons destinés «au service commun», bâtis sur un plan en grille, ont contrarié la trame médiévale de l'abbaye. Au centre – exactement à l'emplacement de l'ancienne salle capitulaire – fut construite une cuisine, reconstruite en 1952-1955 par P.-A. Muller. Couverte d'une coupole circulaire de 10,50 m en dalle de béton translucide, elle fut réalisée par G.-R. Beinex, entrepreneur de béton à Paris. Elle est conservée dans le grand projet de restructuration de l'hôpital, qui devrait commencer en 2008 pour s'achever dans les années 2012.

Si le visiteur ne peut voir l'hôpital, il aura encore le loisir d'apercevoir une succession de bâtiments aux façades tournées vers l'est, s'étirant sur près de 130 m. Ces bâtiments remontent pour l'essentiel au XVIe siècle mais ont été refaçonnés au XVIIIe siècle. Il s'agit des bâtiments de circaries qui permettaient de recevoir les délégués venus de toutes les provinces pour participer aux chapitres généraux. Ces édifices regardaient l'aile occidentale du couvent et formaient une cour trapézoïdale, fermée au nord par une grange appelée grange Saint-Jean (aujourd'hui les Glycines) faisant exactement face à la façade nord du logis abbatial. Cette grange, bâtie en 1769 tout en pierre de taille, communiquait par une porte charretière avec la basse-cour. Cette dernière dont tous les bâtiments furent reconstruits sous l'abbé Parchappe de Vinay (1758-1769) brûla en quasi-totalité en 1878. Seule la porte Saint-Jean, élevée à la place d'une porte fortifiée du XIVe siècle et qui abritait le quartier des Anglais, subsista.

On peut terminer la promenade en faisant le tour extérieur du mur de clôture qui existe dans son intégralité. Des vestiges de deux échauguettes extérieures, restaurées il y a quelques années, témoignent encore du besoin que l'abbaye eut de se défendre au XIVe siècle. L'enclos délimité est de 17 ha. Des quatre portes placées aux quatre points cardinaux, seule la porte orientale a disparu, enterrée dans les remblais de la route.

En suivant cette route qui conduit d'Anizy à Saint-Gobain, on surplombe la cour d'honneur que l'on peut embrasser d'un seul coup d'œil.

Dessin de Tavernier de Jonquières, gravé par Née pour le *Voyage pittoresque de la France*, 1787, t. VI, pl. XII (BnF Est. Rés. Ve-26j-Fol).

Renseignements pratiques

Visites

Centre hospitalier : Établissement Public de Santé Mentale Départemental de l'Aisne : tél. 03 23 23 66 66

Le site est ouvert tous les jours :
- du 1er avril au 31 octobre : de 9 h à 19 h
- du 1er novembre au 31 mars : de 9 h à 17 h

Demander les clés pour visiter la chapelle, l'escalier et le salon du logis abbatial à la loge à la porte d'entrée.

Attention : tous les bâtiments ne sont pas accessibles. Veillez à respecter la tranquillité des malades.

Les visites sont libres ou guidées.

Pour une visite sous la conduite d'un conférencier, s'adresser aux OTSI de Coucy-le-Château : tél. 03 23 52 44 45, de Laon : tél. 03 23 20 28 62 ou de Soissons : tél. 03 23 53 17 37.

Messes

À la chapelle, tous les mardis à 10 h 30.

Informations complémentaires

Pour compléter la visite, il est utile de découvrir les fonds anciens des Archives départementales de l'Aisne et des bibliothèques municipales de Laon (ancienne abbaye prémontrée de Saint-Martin de Laon) et de Soissons où sont conservés les manuscrits et documents de l'abbaye.

Sources

PRÉMONTRÉ

Sources manuscrites

Arch. nat., Paris : D XIX 12, dr 169, dr 170 ; plusieurs arrêts du Conseil du Roi en série E, relatifs aux coupes de bois et à la liquidation des dettes ; F[14] 4278, dr 16 ; F[15] 55 ; F[17A] 1168 ; F[19] 4773, dr 29 ; F[21] 1845 ; G[9] 12 ; L 958, dr 1 ; O[1] 1932, dr 7 et 8 ; Q[1] 15 ; S 7485. *Arch. dép. Aisne, Laon :* la série B, en raison d'une partie de sa destruction en 1944, n'a pas permis de faire toute la lumière sur la reconstruction au XVIIIe siècle ; C 448, 555 ; C 661-664, 910, 922 ; D 16 ; H 737-846 ; L 1508 ; essentiellement Q 225, 411-412, 417-418, 422, 433, 485 ; 11R6807/3886 ; les registres paroissiaux de Prémontré manquent en partie et subsistent de 1639 à 1720. *Arch. dép. Oise, Beauvais :* H 5983-6076. *Arch. dép. Yvelines, Saint-Quentin-en-Yvelines :* 48 H 1. *Arch. hosp. Prémontré (EPSMDA, Aisne) :* titres de propriété en 7 tomes, atlas récapitulatif dressé vers 1890 par Raoul Guillaumin géomètre expert DPLG à Coucy-le-Château ; procès-verbaux de la Commission de surveillance. *Arch. de l'Institut de France, Paris :* A 24 ; B 6, dr 3-4. *Arch. de la Compagnie Saint-Gobain, Paris :* A 16. *Arch. Médiathèque du Patrimoine, Paris :* D 58 (4 dossiers sur les réparations des MH de 1858 à 1958). *Arch. de l'ab-baye de Mondaye (Juaye-Mondaye, Calvados) :* M2, liasse 54. *Arch. de la Société historique et archéologique de Soissons :* dossier remis par Deviolaine : *Archives de la Curie généralice, O. Praem., Rome :* copies de lettres des abbés généraux, de Acta S. Congreg. Consist. (voir Ardura, Bernard, *Regestum Archivi antiqui Curiae Generalitiae Ordinis Praemonstratensis in Urbe*, Louvain, 2006).

BnF, dép. des manuscrits, Paris : coll. Provinces de France, Picardie : ms 268, f° 123-145 v° ; ms 269, f° 54-55 r°, f° 178 v° ; ms 290 ; nal, ms 938. *BM Laon :* ms 537 Q3-1, ms 538 Q3-2, ms 539 Q3-3, mss 545-546 ; ms 652, ms 654, ms 655. *BM Nancy :* ms 992, t. III, f° 711-718, ms 995, t. II, f° 181. *BM Soissons :* ms 7, ms 305, ms 3237, ms 3240 ; coll. Périn.

Sources imprimées

HUGO, Charles-Louis, *Sacri et canonici ordinis Praemonstratensis annales in duas partes divisae*, Nancy, 1734-1736, t. I, 1-58, prob. 1-42.

LEPAIGE, Jean, *Bibliotheca Praemonstratensis Ordinis*, Paris, 1633.

MARTÈNE et DURAND, *Voyage littéraire de deux religieux bénédictins de la Congrégation de Saint-Maur*, Paris, 1724, t. II, p. 49-50.

Bibliographie

Actes officiels du Centre d'études et de recherches prémontrées (CERP).

ARDURA, Bernard (O. Praem.), *Abbayes, prieurés et monastères de l'ordre de Prémontré en France des origines à nos jours. Dictionnaire historique et bibliographique*, Nancy, 1993.

BACKMUND, Norbert (O. Praem.), *Monasticon Praemonstratense*, Straubing, 1949, 3 vol, t. II, p. 521-530, réédité et augmenté, Berlin-New-York, 1983.

BOBIN, Jean, CORNEILLE, Jean-Pierre, Reconstruire la mémoire de la verrerie Deviolaine, *Mémoires de la Fédération des Sociétés d'Histoire et d'Archéologie de l'Aisne*, t. XL (1995), p. 149-171.

BONDÉELLE-SOUCHIER, Anne, *Bibliothèques de l'ordre de Prémontré dans la France d'Ancien Régime*, Paris, 2000.

BONNET, Philippe, *Les constructions de l'ordre de Prémontré en France aux XVIIe et XVIIIe siècles*, Paris, 1983.

BRUNEL, Ghislain, Agriculture et équipement agricole à Prémontré (XIIe-XIIIe siècles), dans *Actes du colloque Monachisme et technologie dans la société médiévale du Xe au XIIIe siècle* (dir. C. Hetzlen et R. de Vos), 1991, p. 123-149.

CHARPENTIER, Joseph, Un asile martyr : Prémontré pendant la guerre, *L'Informateur des aliénistes et des neurologistes,* n° 7, 1921, p. 1-6.

DAGRON, Jules, L'asile d'aliénés de Prémontré, *Annales médico-psychologiques*, 4e série 9.

DAUZET, Dominique-Marie (O. Praem.), PLOUVIER, Martine, SOUCHON, Cécile (dir.), *Les Prémontrés au XIXe siècle : traditions et renouveau*, Paris, 2000.

DE CLERCK, Donatien (O. Praem.) (dir.), *Hagiologe. Vie des saints, bienheureux et personnages considérables de l'ordre de Prémontré*, Windberg, 2005.

GOOVAERTS, Léon (O. Praem.), *Écrivains, artistes et savants de l'ordre de Prémontré. Dictionnaire bio-bibliographique*, Bruxelles, 1899-1909, 4 vol.

GRAND, Lucile, L'architecture asilaire au XIXe siècle entre utopie et mensonge, *BEC*, t. 163, 2005, p. 165-196.

HAMON, Maurice, *Du soleil à la terre, une histoire de Saint-Gobain*, Paris, 1988.

LAGET, Pierre-Louis, Naissance et évolution du plan pavillonnaire dans les asiles d'aliénés, *Livraison d'histoire de l'architecture*, n° 7, juin 2004, p. 51-70.

LENOIR, Paul, *Considérations générales sur la construction et l'organisation des asiles d'aliénés*, Paris, 1869.

PETIT, François (O. Praem.), *Norbert et l'origine des Prémontrés*, Paris, 1981.

PLOUVIER, Martine, *L'abbaye de Prémontré aux XVIIe et XVIIIe siècles. Histoire d'une reconstruction*, Louvain, 1985, 2 tomes.

PLOUVIER, Martine, L'abbaye de Prémontré (Aisne), *Congrès de l'Aisne méridionale (1990)*, Paris, 1994, p. 509-548.

RAVARY, Berthe, *Prémontré dans la tourmente révolutionnaire, la vie de Jean-Baptiste L'Écuy, dernier abbé général en France, 1740-1834*, Paris, 1955.

RAVIER, ANDRÉ, *Les sœurs de la Charité de Sainte Jeanne Antide Thouret,* Lyon, 1951.

RAYNIER, Julien, BEAUDOIN, Henri, *Les Aliénés et les asiles d'Aliénés au point de vue administratif et juridique,* Paris, 1922, (2e éd. revue et augmentée : 1930).

TAIÉE, Charles, Prémontré : étude sur l'abbaye de ce nom, sur l'ordre qui y a pris naissance, ses progrès, ses preuves et sa décadence (1120-1793), *BSAL*, t. XIX, 1869-1970, t. XX, 1872-1873.

WARZÉE, B. (O. Praem.), L'abbaye de Prémontré au XIXe siècle : la tentative de restauration de l'abbaye de Prémontré au XIXe siècle en 1856-1857 ; l'orphelinat de Prémontré 1855-1862, *Analecta Praemonstratensia*, t. LVI, 1980, p. 93-102, 239-252.

Chronologie

1120 Fondation de Prémontré

Juillet 1121 Bénédiction de la première pierre de l'église voulue par Norbert

Noël 1121 Première profession des Prémontrés

28 avril 1122 Première consécration de l'église

11 novembre 1122 Seconde consécration de l'église, dédiée à Notre Dame et à saint Jean-Baptiste

1128 Norbert est sacré archevêque de Magdebourg

1134 Mort de Norbert

1134-1151 Construction d'une deuxième église par Hugues de Fosses, premier abbé

1141 Transfert à Fontenille de la communauté de femmes, créée par Rikwère († 1136)

1170 Après avoir été envoyée à Rosières, la communauté de femmes gagne Bonneuil

1232 Dédicace de la nouvelle église de Prémontré

1237 Visite de Saint Louis

1414-1421 Exil de toute la communauté à Floreffe pendant la guerre de Cent Ans

1445 L'abbaye ruinée par les guerres doit se reconstruire

1535-1572 Institution de la commende

1567 Vandalisme des calvinistes

1582 Canonisation de saint Norbert

1621 Création de la Congrégation de l'Antique Rigueur par Servais de Lairuelz

1627 Transfert des reliques de Norbert à Strahov (Prague)

1653 Dévastation de la guerre de Trente Ans

1654 Reliques de saint Norbert amenées depuis Strahov à Prémontré

1717-1738 Reconstruction de l'abbaye par les frères Bonhomme

1738 Dernier chapitre général avant la Révolution

1742-1746 Construction du logis abbatial et de la procure

1769 Reconstruction de la porte Saint-Jean

1784-1786 Plusieurs projets pour reconstruire une vaste église

1790 Les Prémontrés sont expulsés de l'abbaye

1793 Vente de l'abbaye

1795 Transformation en verrerie par Cagnon : l'église sert de halle et de fours

1802 Rachat par Deviolaine qui reconstruit la verrerie

1819 Reconstruction de la porte d'entrée par Duroché

1834   Mort de Jean-Baptiste L'Écuy, dernier abbé général de Prémontré

1843   Rachat de la glacerie par Saint-Gobain qui la laisse inoccupée

1855   Rachat par Mgr de Garsignies, évêque de Soissons, pour y installer un orphelinat

1856   Tentative d'y réintroduire l'ordre de Prémontré avec Edmond Boulbon, futur abbé de
Frigolet, et quelques Prémontrés belges

1856   Écroulement de la salle capitulaire

1862   Rachat des bâtiments par le département de l'Aisne

1867   Ouverture de l'asile d'aliénés, établi sur les plans de Touchard et Constans

1867   Traité avec le département des Ardennes, renouvelé jusqu'en 1969, pour l'accueil des
aliénés indigents

1878-1879   Reconstruction de la ferme incendiée

1882   Destruction du quartier des agités, trop insalubre, au profit d'un quartier à
pavillons quadrangulaires

1915   565 malades meurent de faim et de fièvre

1916   Les malades et le personnel sont contraints de gagner la Belgique

1919-1933   Restauration des bâtiments conduite par Brunet et Trouvelot

1937   L'asile d'aliénés devient hôpital psychiatrique

1940   Les malades ne sont pas expulsés

1952   Plan quinquennal d'équipement de l'hôpital

1961   Construction du centre régional d'alcoologie de Picardie par Muller

1965   Départ des sœurs de la congrégation de Sainte-Jeanne Antide Thouret, arrivées en 1867

1983   Externalisation avec ouverture d'hôpitaux de jour et appartements thérapeutiques

Crédit photographique

Index des noms de personnes et de lieux

Ne sont pas indexées les cotes d'archives, les listes p. 74-75 et p. 115

A

Accous, Pyrénées-Atlantiques : 148
Achery[-Mayot], Aisne : 71
ADALBÉRON : 9
ADELINE, dame de Guise : 39
ADELVIE : 36
AELIDIS : 36
Afrique : 30, 150
Afrique du Sud : 150
AGNÈS DE BAUDEMENT : 36
Ailette : 70
Aisne : 6, 16, 22, 31, 33, 34, 36, 69, 70, 85, 87, 92, 93, 95, 97, 98, 105, 116, 117, 122, 123, 124, 135, 140, 143, 144
Aix-en-Provence : 93
Algérie : 111
ALLAN, Louis : 81
Allemagne : 8, 30, 34, 148
Allier : 93
Alsace : 63
Amérique : 85, 111, 149, 150
ANCIEN, Bernard, collectionneur : 24
ANDRÉ, saint : 19
Angleterre : 5, 14, 30, 88, 138, 148
Anizy[-le-Château] : 17, 19, 45, 63, 69, 77, 79, 108, 118, 158
Annecy, Haute-Savoie : 123
Anvers, Belgique : 131
Archantré, voir Chevresis
Ardennes : 62, 79, 88, 92, 99, 100, 116, 117, 140
Ariège : 97, 100, 113
Armentières, Nord : 97, 110
Arnsfeld, Allemagne : 30
Asie : 150
ATHENOUX, Marie Roze : 81
Attichy, Oise : 69
Auch, Gers : 113
AUGUSTIN, saint : 5, 7, 24, 148
Australie : 30, 150
Autriche : 21, 30, 34, 35, 148
Auvergne : 29, 30
Averbode, Belgique : 91, 92, 148

B

BACHIMONT, Jacques de, abbé : 27, 64
BACKMUND, Norbert, prémontré : 5
BACKX, Evermode, prémontré : 92
Bâle, Suisse : 14
BALOIS, Louise, cuisinière : 76

BARBARAN, Louis, graveur : 21, 23, 24, 26
Barisis[-aux-Bois], Aisne : 46, 81
Barthel, voir Lizy
BARTHÉLEMY DE JOUX, évêque de Laon : 9, 10, 13, 18, 19
Bavière : 30
BEAUPRÉ, ingénieur : 71
BÉCOURT, Bruno, abbé : 41, 50, 51, 53, 66, 76, 155, 156
BEINEX, Georges Roger, entrepreneur de béton : 141, 158
Belgique : 5, 7, 8, 11, 30, 34, 93, 122, 129, 130, 131, 136, 148
BELLAT, aliéniste : 110
BELLUARD, Marie, supérieure : 124
BÉNARD, Pierre, ingénieur : 39
Bengalor, Inde : 150
BENOÎT XV : 65
BENOÎT, saint : 5
Berg-Sion, Suisse : 34, 148
BERNARD DE CLAIRVAUX : 5, 10, 11, 31, 36
Berne, Pays-Bas : 10, 148
Berry[-au-Bac], Aisne : 9
Besançon, Doubs : 119
Bieuxy, Aisne : 69
BLIHARD, chantre : 9
Blois, Loir-et-Cher : 113
BOFFRAND, architecte : 53
Bohême : 10, 28, 30, 34
Bois-Seigneur-Isaac, Belgique : 148
BOLLÉE, hydraulicien : 109
Bombay, Inde : 150
BON BOULOGNE, peintre : 66
BONDÉELLE-SOUCHIER, Anne : 65
BONHOMME, Frères, architectes : 44, 45, 46, 48, 49, 155, 157
Bonlieu[-sur-Roubion], Drôme : 34, 148
BONNAUD-DELAMARE, préfet de l'Aisne : 123
Bonneuil, voir Esmery-Hallon
Bonneval, Eure-et-Loir : 113
Bordeaux, Gironde : 85, 93
BORDET, maçon : 85
BOUBILA, aliéniste : 110
Bouconville-Vauclair, Aisne : 46, 154
BOULBON, Jean-Baptiste, abbé de Frigolet : 93, 163
Bourgogne : 29, 30
Brabant : 30, 63

Braine, Aisne : 31, 36
Brancourt, Aisne : 9, 71, 72, 79, 109, 114, 141
Brasilia, Brésil : 150
Brasschaat, Belgique : 148
Brény, Aisne : 154
Brésil : 150
Bretagne : 63
Breteuil, Oise : 44, 53
BRÉVAL, Henri, graveur : 20
Bricquebec, Manche : 93
BRISEUX, architecte : 53
BRUNET, Émile, architecte : 132, 134, 163
BRUNO, saint : 5, 10
Bucilly, Aisne : 31, 53
Bucy[-le-Long], Aisne : 62, 69, 70
BUYRETTE, François, dessinateur : 21

C

Caen, Calvados : 148
CAGNON, Vincent, maître verrier : 79, 80, 81, 84, 163
Calais, Pas-de-Calais : 14
Californie : 34
Calvados : 63, 93
Canada : 30, 150
Cape Town, Afrique du Sud : 150
CARDON DE GARSIGNIES, P.-A., évêque de Soissons : 91, 163
Carinthie : 28
CARLIQUE CLUET, menuisier : 85
CAROUGE, Jacques, facteur d'orgues : 20
CARPENTIER, officier : 76
Caulaincourt, Aisne : 72
Cauvigny, voir Trefcon
CELERS, Philippe, abbé : 42
CERRIOT, Félix, infirmier : 76
Châlons-sur-Marne, Marne : 118
Chambéry, Savoie : 123
CHAMBROT, Caroline, supérieure : 120
Champagne : 30, 84, 85, 86
Champeaux, Seine-et-Marne : 154
CHAPTAL, fils : 86
Charente-Maritime : 34
Charenton, Val-de-Marne : 97, 113, 118
Charles-Fontaine, Aisne : 70
Charleville, Ardennes : 62
CHARPENTIER, Joseph, aliéniste : 131
Chartreuve, Aisne : 31

CHASSOT, Carmella, supérieure provinciale : 124

Château-Thierry, Aisne : 97, 122, 142, 144

Châtel, Haute-Savoie : 123

CHÂTEL, Paul, directeur : 138, 141

Chauny, Aisne : 63, 70, 72, 73, 143, 144

Chelles, Seine-et-Marne : 154

Chéry-Chartreuve, Aisne : 31, 34

Chevresis[-Monceau], Aisne : 69, 71

Chili : 150

CHRISTOPHE, Jean-Joseph, évêque de Soissons : 95

Chypre : 5

Cîteaux, Côte-d'Or : 5, 6, 8, 10, 22, 29, 57, 93, 154

CLAREMBAUD DU MARCHÉ : 9

Clermont[de-l'Oise], Oise : 98, 99, 100, 118

Clos Prieur, Prémontré : 108

Cluny, Saône-et-Loire : 57

COLBERT, Michel, abbé : 41, 42, 53

Cologne, Allemagne : 14, 18

Commentry, Allier : 88

Congo : 150

CONON, abbé : 23

Conques, Aveyron : 148

CONRAD, abbé : 23, 64

CONSTANS, Augustin, inspecteur des asiles : 98, 99, 100, 105, 107, 116, 163

CORNE, Joseph, chirurgien-apothicaire : 76

COUCHÉ, ex-novice : 76

COUCY, famille : 14, 20, 22, 36

Coucy[le-Château], Aisne : 6, 8, 10, 13, 17, 70, 86, 87

Coucy-la-Ville, Aisne : 17, 33, 36, 69, 71

Coulons, Prémontré : 72

Cracovie, Pologne : 16, 34, 149

Crépy-en-Laonnois, Aisne : 73

Cuffies, Aisne : 81, 86

Cuissy[et-Geny], Aisne : 31, 46

Cys-la-Commune, Aisne : 72

Czorna, Hongrie : 149

D

DAGRON, Jules, directeur-médecin : 100, 105, 110, 112, 113, 120

DALÈS, Jean-Marc, prémontré : 131

Dalmatie : 28

Dantzig, Pologne : 79

Dave[-lès-Namur], Belgique : 122, 131

DAVENNE, aliéniste : 118

Daylesford, États-Unis : 149

De Essenburgh, Pays-Bas : 148

De Pere, États-Unis : 149

De Schans, Pays-Bas : 148

DEHON, Jean-Louis, fermier : 38

DELÉCLUZE, Jean-Baptiste, architecte : 58, 61, 157

DEMANGEOT, Jean-Baptiste : 66

DEMANGRE, François : 62

DÉMEZURE, Louis : 53

DENIS, saint : 27

DESLANDES : 65

DESMOULINS, Pierre Antoine : 81

DESPRUETS, Jean, abbé : 37

DEVIOLAINE, Augustin : 65, 81, 84, 85, 86, 87, 88, 89, 160, 163

DEVIOLAINE, Jean-Michel, intendant : 86

DEVIOLAINE, Paul : 88

Dizy-le-Gros, Aisne : 122

Doksany, République tchèque : 10, 34, 149

DOLLÉ, photographe : 106

DOM STANISLAS : 89

DOMINIQUE, Jean-Charles, menuisier : 79

DOMINIQUE, saint : 11

Dommartin, Pas-de-Calais : 50

Dorengt, Aisne : 38, 69

Doubs : 119

Douchy, Aisne : 38, 39

DOUILLARD, Pierre-Auguste, évêque de Soissons : 123

DROUSSENT, vice-président du conseil général : 123

DUHAMEl, Louis : 81

DUMESNIL, inspecteur des aliénés : 116

DUPAS, Jacques, directeur : 135, 137

DUROCHÉ, Louis : 85, 155, 163

E

Effry, Aisne : 122, 123

EGERT, Marc, directeur : 145

ELBERT, vidame : 9

ÉLINAND, évêque de Laon : 9

ENGUERRAND DE COUCY : 20

Eppeville, Somme : 38, 39

ERMANT, Georges, maire de Laon : 133

Esmery-Hallon, Somme : 34, 36, 69, 70

Espagne : 6, 29, 34, 63, 148

ESQUIROL, Étienne, aliéniste : 97

ESTE, Hippolyte d', abbé commendataire : 41

Étang Marion, Prémontré : 72

Étang neuf, Prémontré : 72, 109

États-Unis ou USA : 30, 34, 138, 149

Etsdorf, Autriche :34

Eure-et-Loir : 113

Europe : 5, 6, 8, 10, 148, 149

EVERMODE, frère : 34

F

Falaise, Calvados : 7

FAQUIES, dessinateur : 95

Fère-en-Tardenois, Aisne : 87

Ferrières, voir La Ferté-Chevresis

Fervaques, Aisne : 39

Flandre : 30, 63

FLEURY, Édouard, érudit : 20, 24, 25

Floreffe, Belgique : 30

Foigny, Aisne : 10, 13, 22

Folembray, Aisne : 70, 77, 84, 155

Fontenay-le-Comte, Vendée : 113

Fontenille, voir Wissignicourt

FOSSIER, Jean : 67

FOVILLE, A., inspecteur des asiles : 107

France : 5, 7, 8, 14, 22, 25, 29, 30, 34, 44, 48, 65, 77, 89, 92, 93, 97, 119, 123, 148

Franche-Comté : 63

FRANKLIN, Benjamin : 63

FRANQUE, François II, architecte : 53

Freden, Allemagne : 10

Frigolet, Bouches-du-Rhône : 7, 93, 148

FRIGOUT, Clovis, chef de forge : 88

Fritzlar, Allemagne : 148

FROMENT, P., architecte : 139

G

Gand, Belgique : 131

Gascogne : 29

Genlis, Aisne : 31, 66

GEOFFROY, chantre : 9

Geras, Autriche : 148

GÉRÉON, saint : 18

Germaine, Aisne : 39, 69

GERVAIS, saint : 35

GIBOUT, Guillaume, tailleur : 76

Gödöllo, Hongrie :149

GOSSET, Pierre, abbé : 68

Grand Hubertpont, Prémontré : 71, 84, 109

Grande Chartreuse, Isère : 8

Grandmont : 57

GREMBER, Catherine, architecte : 145

Grimbergen : 91, 148

GUERRIC, abbé : 24

GUI DE GUISE : 36

GUI, doyen et archidiacre : 9

166 GUILLAUMIN, Raoul, géomètre : 160
Guise : 38, 39

H
Hainaut : 63, 73
Ham, Somme : 38, 39
Hamborn, Allemagne : 148
HANDGRÄTINGER, Thomas, abbé
    général : 8
Hannappes, Aisne : 38, 69, 70
HARMEL, Jean-Régis, abbé : 34
Haute-Savoie : 119, 123
HAUTPLESSIS, ingénieur : 100
HÉCART, Louis-Nicolas, tonnelier : 76
HEDWIGE, mère de Norbert : 10
HELVIDE : 36
HÉLYOT : 6
HENRI IV, empereur germanique : 10
HERMANN DE TOURNAI : 11, 36
HERMANT, Claude, valet de chambre :
    76
HERMANT, Nicolas, entrepreneur : 98
Hesse : 34
Hirson, Aisne : 127, 143
Hollande : 138
Hongrie : 5, 27, 28, 30, 34, 100, 149
HOUQUE, Joël, abbé : 151
HUGO, Charles-Louis, historien : 44,
    64
HUGUES DE FOSSES, premier abbé : 16,
    19, 20, 27, 36, 64, 162
HUGUES DE PÉRONNE : 36
HUGUES II, abbé : 19
HUGUES III D'HIRSON, abbé : 23, 64
HUGUES III, abbé : 36

I-K
Île-de-France : 45, 59
Illyrie : 28
Imbramowice, Pologne : 34, 149
Inde : 30, 150
Irlande : 30, 148
Istrie : 14, 28, 81, 119, 148, 150
IVON : 36
Jamtara, Inde : 150
Jandeures, Meuse : 53
Jasov, Slovaquie : 149
JEAN DE ROCQUIGNY, abbé : 37
JEAN III DE CHÂTILLON, abbé : 18
JEAN, saint : 16, 28
JEAN-BAPTISTE, saint : 13, 18, 20, 24,
    153, 162
JEANNE ANTIDE THOURET, sainte : 119
JÉRÉMIE, prophète : 66
JÉSUS, JÉSUS-CHRIST, CHRIST : 16, 20, 24,
    25, 66, 67,
JOSEPH BONAPARTE : 63

JOSEPH D'ARIMATHÉE : 67
Jouarre, Seine-et-Marne : 154
JOUIN, entrepreneur : 100
JOUVENET, Jean : 66
Juspienne, Prémontré : 108
Kilnacrott, Irlande : 148
Kinshasa, Congo : 150
Krakow, voir Cracovie

L
L'ÉCUY, Jean-Baptiste : 7, 57, 58, 62,
    63, 64, 66, 67, 76, 77, 157, 163
L'ÉCUY, Martin : 62
L'ÉCUY, Nicolas : 62
La Fère : 70, 80, 81, 87, 143
La Ferté-Chevresis, Aisne : 69
La Mécanique, Prémontré : 71, 73
La Rochelle, Charente-Maritime : 34
La Roche-sur-Foron, Haute-Savoie :
    119, 123
La Roche-sur-Yon, Vendée : 113
LABORDE, Jean-Baptiste : 48
Lahonce, Pyrénées-Atlantiques : 154
LAIRUELZ, Servais de, réformateur : 6,
    31, 162
LAMY, Charles, peintre : 66, 67
LAMY, Claude, peintre : 66
LANTHONY, Pierre, architecte : 38
Laon : 5, 9, 10, 13, 14, 22, 27, 29,
    31, 36, 39, 41, 46, 49, 57, 60, 62,
    65, 67, 69, 70, 76, 99, 106, 133,
    143, 144, 153, 154
LAPLACE, Jean, domestique : 76
LAUGIER, abbé : 46, 48
LAURENT, saint : 39
LAUZIER, médecin : 139
Le Gard, Somme : 89, 93
Le Havre, Seine-Maritime : 85
Le Mans, Sarthe : 109, 113
LE MARCHANT DE CAMBRONNE : 65
LECLERC, Jean-François Xavier,
    architecte : 59, 60, 157
LECOMTE, F., chapelain : 93
Leffe, Belgique : 148
LÉGER, saint : 39
Lemé, Aisne : 101
LENOIR, architecte : 57
LÉOPOLD, duc de Nancy : 53
LEROY, charpentier : 81
Les Mutotes, Prémontré : 72
LETOMBE, Albert : 114, 127
LETOMBE, Édouard, receveur-
    économe : 127, 129
LETOMBE, Marguerite : 131
Leuilly[-sous-Coucy], Aisne : 69
LEVEAU, Alphonse, peintre
Liénard, Prémontré : 72

Lieubuin ou Lieubain, voir Brancourt
Lille, Nord : 97, 129, 131
Lima, Pérou : 150
Limbourg : 131
Lizy, Aisne : 38, 71
Loire, voir Trosly-Loire
Loir-et-Cher : 113
LOMÉNIE DE BRIENNE : 62
Lommelet, Nord : 99
Longpont, Aisne : 16
Lorraine : 5, 25, 29, 30, 31, 53, 79,
    88
LOTHAIRE, empereur germanique : 10
LOUIS DE MONTFORT, saint : 92
Louis XI : 20
Louvain, Belgique : 5, 148
LUC DE ROUCY, premier abbé de
    Cuissy : 36
LUCAS DE MUIN, Claude Honoré : 8,
    27, 42, 43, 44, 50, 76, 153, 155
LUNIER, inspecteur des asiles : 106,
    116

M
MADELEINE, sainte : 23
Magdebourg, Allemagne : 10, 19, 27,
    148
Magnovarad, Roumanie : 149
MAHIEUX, Frédéric, prémontré : 92
Maison-Blanche, Yvelines : 118
MALAPERT, Maurice, directeur : 135,
    136
Malines, Belgique : 91
Manchester, Angleterre : 148
MANOURY, Guillaume, abbé : 57, 62,
    76
MARÉCHAL, peintre verrier : 39
MARIE BONNE, sœur : 92
MARIE DE LA FÈRE : 20
MARIE VALENTINE, sœur : 122
MARIE-FRANÇOISE, supérieure : 123
Mariëngaard, Pays-Bas : 34, 148
Marmoutier, Indre-et-Loire : 49
Marne : 85, 99
MAROTTE, Jean-Baptiste : menuisier
MARQUISET, Jean-Ernest Paul : 103,
    106, 107
MARTIN, Nicolas, sculpteur : 20
MARTIN, saint : 22, 27, 29, 31, 39
MASSELON, René-Pierre, médecin-
    directeur : 114
Medlingen, Allemagne : 148
Melun, Seine-et-Marne : 63
Merlieux[et-Fouquerolles], Aisne : 70
Merxplas, Belgique : 122
MÉZUROLLES : 65
Miasino, Italie : 148

MILLET : aliéniste : 110
MILLOT, Arnould : 53
Mirambeau, Charente-Maritime : 34
Moisselles, Val-d'Oise : 118
Mondaye, Calvados : 34, 63, 93, 148, 151
Mont d'Or, Prémontré : 109
Montigny-l'Allier, Aisne : 154
Montreuil-sous-Laon, Aisne : 97, 98, 99
Mont-Saint-Martin, Aisne : 31
MORENVAL, Henry Nicolas : 81
Moret[-sur-Loing], Seine-et-Marne : 123
Mortagne-au-Perche, Orne : 66
MOUTIER, Geneviève, domestique : 76
Moûtiers, Savoie : 129
MULLER, Paul-Albert, architecte : 141, 143, 158, 163
Munich, Allemagne : 150

N-Q

NABUCHODONOSOR : 66
NABURSADAN : 66
Namur, Belgique : 122
Nancy, Meurthe-et-Moselle : 53
Napoléon-Vendée, voir La Roche-sur-Yon
NÉE, graveur : 48, 159
NICAISE, saint : 23
NICOLAS, châtelain : 9
NICOLE, graveur : 44
Nogent-sous-Coucy, Aisne : 46
NOLLET, abbé : 62
NORBERT, saint : 5, 9, 10, 11, 13, 17, 18, 19, 20, 24, 26, 27, 28, 33, 35, 36, 63, 64, 67, 93, 100, 148, 149, 162
Nord : 92, 93, 99, 110
Normandie : 29, 30, 87
NOTRE DAME, voir VIERGE
Nova Rise, République tchèque : 149
Noyon, Oise : 35, 39
Offoy, Somme : 38, 39
Oignies, Pas-de-Calais : 88
Oise : 69, 70, 73, 85, 98
Oosterhout, Pays-Bas : 33, 34, 148
Oradea-Nagyvárad, Roumanie : 34
Orange, États-Unis : 34, 149
Origny[en-Thiérache], Aisne : 122
ORLÉANS, famille d' : 86
Orléans, Loiret : 85
Oulchy-le-Château, Aisne : 154
Ourscamp, Oise : 91
Palatinat : 34
Parc, Belgique : 5, 11, 91, 148

PARCHAPPE DE VINAY, Pierre-Antoine, abbé : 55, 62, 76, 158
PARINGAULT, Quentin, employé : 76
Paris, Seine : 14, 42, 49, 59, 60, 62, 63, 66, 85, 86, 87, 109, 130, 141, 157, 158
PASCAL, Constance, aliéniste : 118
Pas-de-Calais : 50, 99
PAUL, saint : 10
Pays-Bas : 10, 30, 33, 34, 148
PEIGNÉ-DELACOURT : 91
Pénancourt, voir Anizy
PERDEREAU, Maurice : 9
Pérou : 150
PERRIER, Marie-Adeline, supérieure : 122, 123
Petit Hubertpont, Prémontré : 72
Picardie : 44, 144
PIE VII : 119
PIE IX : 93
PIERRE DE SAINT-MÉDARD, abbé : 19
PIETTE, Amédée, érudit : 23, 39
PILLE, général : 86
PILLEYRE, E, médecin-directeur : 114
PINEL, Philippe, aliéniste : 110
Pinon, Aisne : 63, 71
PISANI, François, abbé commendataire : 41
Pitesti, Roumanie : 118
Pleine-Selve, Gironde : 34
PLOUVIER, Martine : 145
Pologne : 34, 149
Pont-à-Mousson, Meurthe-et-Moselle : 6, 31, 53
Ponthieu : 29, 30
PORTAL, professeur : 62
Portugal : 5
Postel, Belgique : 91, 148
POTENTIER, Charles, pâtre : 76
Prague, République tchèque : 8, 10, 63, 149
PROTAIS, saint : 35
Provins, Seine-et-Marne : 44
PRUDHOMME, Maurice, sabotier : 79
Puy-de-Dôme : 114
Quatremares, Seine-Maritime : 101
Queens Park, Australie : 150
QUESTEL, Charles, architecte : 99

R

Radvanov, République tchèque : 34, 149
RAGUET, serrurier : 85
Rangéval, Meuse : 53
RAOUL DE COUCY : 36
RAOUL, chancelier de la cathédrale : 9
RAVIART, aliéniste : 129, 131

RAYMOND DE CLASTRES : 33, 35
Rebais, Seine-et-Marne : 154
Recheim, Belgique : 131
Reims, Marne : 46, 49
Renault, Prémontré : 71, 72
République tchèque : 11, 30, 34, 149
RESTOUT : 66
Rhénanie : 34
Ribaudon, voir Soupir
Ribeaufontaine, Aisne : 38, 69
RICHELIEU, abbé commendataire : 41
RIGOLAGE : 89
RIKWÈRE : 33, 35, 162
ROBERT DE MOLESMES : 5
ROBERT, doyen de Saint-Jean : 9
ROBERT, prévôt de Saint-Martin : 9
ROCQUEVERT, Augustin de, abbé : 76
Roggenburg, Allemagne : 148
Rohart, Prémontré : 17, 71, 72, 108
Rome, Italie : 41, 66, 119, 150
Ronceloy, Prémontré : 72
Rosières, voir Coucy-la-Ville
Rot an der Rot, Allemagne : 34, 148
Rouen, Seine-Maritime : 85, 101, 113
Rouges, Prémontré : 72
Roumanie : 30, 34, 149
ROUSSY, maçon : 81
Royaumont, Val d'Oise : 25

S

SAGE, professeur : 62
SAGET, mécanicien : 81
SAINT LOUIS : 162
Saint-Calais, Vendée : 79
Saint-Constans, Québec : 150
Saint-Denis, Seine-Saint-Denis : 49
Saint-Germain-en-Laye, Yvelines : 91
Saint-Gobain : 16, 17, 19, 45, 63, 65, 66, 67, 70, 81, 87, 88, 89, 92, 95, 156, 158
Saint-Jean, porte : 16, 28, 55, 56, 87
Saint-Laurent-sur-Sèvre, Vendée : 92
Saint-Lizier, Ariège : 113
Saint-Nicolas-aux-Bois, Aisne : 9, 49
Saint-Pierre-d'Aubigny, Haute-Savoie : 123
Saint-Quentin : 27, 36, 38, 39, 69, 73, 143, 144
Saint-Quirin, Moselle : 88
Saint-Yon, Seine-Maritime : 113
Salensy, Prémontré : 71
SANDRAS, Jean, bourrelier : 76
Sao Paulo, Brésil : 150
Savoie : 119
SCARAMELLINI, chanoine : 123

Schlägl, Autriche : 148
Scott, Walter : 63
Sébline, Charles, préfet de l'Aisne : 121
Seine : 92, 100, 113, 116, 118
Seine-et-Marne : 100, 113
Seine-Maritime : 113
Sens, Yonne : 44
Septfons, Allier : 93
Sigismond, saint : 10
Simon, abbé de Saint-Nicolas : 9
Simon, lingère : 76
Sinceny, Aisne : 70, 73
Six, Hugues, prémontré : 145
Slovaquie : 30, 34, 149
Soifrid, abbé de Saint-Vincent : 9
Soissonnais : 62, 154
Soissons : 5, 17, 19, 25, 46, 65, 67, 69, 70, 81, 85, 86, 91, 92, 95, 124, 130, 142, 143, 144
Solitude, Prémontré : 87
Somme : 34, 36, 38, 39, 69, 70, 99
Sorny, voir Terny-Sorny : 69
Sospel, Alpes-Maritimes : 123
Souabe : 30
Soupir, Aisne : 69, 71
Speinshart, Allemagne : 148
Sterckx, cardinal de Malines : 91
Storrington, Angleterre : 148
Strahov, République tchèque : 8, 10, 11, 63, 149
Suisse : 34, 63, 119, 123, 129, 148

T-V

Tanchelin, hérétique anversois : 11
Tarbes-Laloubère, Hautes-Pyrénées : 148
Tavernier de Jonquières, dessinateur : 48, 159
Tehachepi, États-Unis : 34, 150
Teplá, République tchèque : 149
Tergnier, Aisne : 143

Terny-Sorny, Aisne : 69
Terre du Roi de Rome, Prémontré : 108
Thenailles, Aisne : 10, 31, 44
Thiérache : 13, 69
Thiéry, Luc-Vincent, dessinateur : 72, 84, 85, 87
Thomas de Marle : 18
Thomas, saint : 23, 26
Thury, Oise : 73
Tongerlo, Belgique : 30, 91, 92, 93, 148
Toro, Espagne : 34, 148
Touchard, Jules, architecte : 98, 100, 103, 157, 163
Tours, Indre-et-Loire : 66, 85
Trefcon, Aisne : 69
Trente, Italie : 30
Trosly-Loire, Aisne : 69
Trou Broussé, Prémontré : 72
Trou Dindin, Prémontré : 72
Trou du Bon, Prémontré : 72
Trouvelot, Jean, architecte : 134, 135, 163
Turnhout, Belgique : 131
Vailly, Aisne : 73
Val Chrétien, Aisne : 31
Val-d'Oise : 118
Val-de-Marne : 93, 113
Valecourt, voir Chevresis-Monceau
Valmont, Pyrénées-Atlantiques : 34
Valpriez, voir Bieuxy
Valsecret, Aisne : 31
Valsery, Aisne : 31
Van Cléemputte, Henri, architecte : 91
Van Monfort, Grégoire, prémontré : 93
Van Schuppen, graveur : 42
Vauclair, voir Bouconville-Vauclair
Vauxrot, voir Cuffies
Veerle, Belgique : 34, 148
Vendée : 92, 113
Venise, Italie : 87

Vermand, Aisne : 31
Vermandois : 69
Versailles, Yvelines : 86
Vervins, Aisne : 122
Vézaponin, Aisne : 69
Vierge : 11, 18, 19, 21, 25, 66, 67, 162
Vigny, architecte : 46
Ville-Évrard, Seine : 105, 113, 138
Villefroy, Antoine, portier : 76
Villers-Cotterêts, Aisne : 31, 53, 86
Villiers-Saint-Denis, Aisne : 144
Villoria de Orbigo, Espagne : 34, 148
Vincent de Paul, saint : 119
Vincent Rosaz, sœur : 122, 131
Viollet-le-Duc, Eugène, architecte : 61
Vionne : 18, 71
Viret, Isaac, médecin-directeur : 105, 113, 114
Von Quast, dessinateur : 20, 21
Voyeux de Wissinicourt, dessinateur : 58
Vrbové, Slovaquie : 34, 149

W-Z

Wallonie : 63
Wassigny, Aisne : 70
Weissenau, Allemagne : 14
Wenceslas, saint : 10
Westphalie : 34
Weyert, aliéniste : 129
Wilten, Autriche : 21, 25, 35, 148
Windberg, Allemagne : 8, 148
Wissignicourt, Aisne : 36, 69
Xanten, Allemagne : 10
Yvelines : 23, 118
Yvois-Carignan, Ardennes : 62
Zeliv, République tchèque : 149
Zsámbék, Hongrie : 34, 149

Achevé d'imprimer en août 2007
sur les presses de Peeters, à Louvain (Belgique)
pour le compte des éditions AGIR-Pic.
Dépôt légal : août 2007